공무원이 죽어야 나라가 산다

| 정순영 지음 |

9급 출신으로 30년을 근무하고 정년을 눈앞에 둔
현직 공무원의 가슴 시린 고백과 신랄할 자기 반성!

공무원이 죽어야 나라가 산다
-9급 출신으로 30년을 근무하고 정년을 눈앞에 둔 현직 공무원의 가슴 시린 고백과 신랄한 자기 반성!-
정순영 지음

초판 인쇄 I 2005년 4월 25일
초판 발행 I 2005년 4월 30일

지은이 I 정순영
펴낸이 I 신현운
펴는곳 I **연인M&B**
기 획 I 박치원
디자인 I 이희정
등 록 I 2000년 3월 7일 제2-3037호
주 소 I 143-191 서울특별시 광진구 자양1동 630-42호(1층)
전 화 I (02)455-3987, 3437-5975 팩스 I (02)3437-5975
이메일 I yeonin7@chol.com
   www.yeoninmb.co.kr

값 9,000원

저자와의 협의에 의하여 인지는 생략합니다.
ⓒ 정순영 2005 Printed in Korea

ISBN 89-89154-46-4 03810

이 책은 **연인M&B**가 저작권자와의 계약에 따라 발행한 것이므로 본사의 허락 없이는 어떠한 형태나 수단으로도 이 책의 내용을 이용하지 못합니다.
잘못된 책은 바꾸어 드립니다.

공무원이 죽어야 나라가 산다

| 정순영 지음 |

9급 출신으로 30년을 근무하고 정년을 눈앞에 둔
현직 공무원의 가슴 시린 고백과 신랄할 자기 반성!

| 책머리에 |

　우리나라 공무원 중 최하위 직급인 9급에서 시작해서 30년이 지난 지금 겨우 5급으로 있다. 군대도 이등병으로 입대해서 병장으로 제대했으니 대한민국의 대표적인 하류인생인 셈이다.

　하위직 공무원으로 근무하면서 설움도 많이 받고 가족들 몰래 울기도 많이 했지만 지금 와서 되돌아보면 모두가 아름다운 추억과 애틋한 그리움으로 자리 잡는다. 직급도 낮고 사람 또한 못났지만 그래도 정의감과 의협심은 있어서 불의를 보면 참지 못하고 언제나 바른말을 했다. 그러다가 윗사람한테 씩히고 밟히면서도 굴하지 않고 잡초처럼, 때로는 떠도는 구름처럼 지금까지 끈질기게 버텨 왔다.

　국민과 기업의 수준이 관료조직을 월등하게 앞서가고 있는 현실에서 아직도 공무원들이 사회의 곳곳에 개입하고 작용하는 것은 시대착오적 발상이다. 만일 정부조직에 프로골프와 바둑을 관장하는 부처가 있어서 골프와 바둑에 사사건건 개입하고 간섭했다면 오늘날 박세리와 같은 세계적인 골퍼와 조훈현과 이창호 같은 기사가 나왔겠는가? 자율과 경쟁이 시장경제의 기본임을 깨닫고 지금부터라도 정부와 관료집단은 본래의 위치로 돌아가야 할 것이다.

그동안 입이 있어도 말 못하고 눈으로 보고도 참아야 했던 공직 사회의 잘못된 행태를 이제 공직을 마무리해야 하는 시점에서 속 시원하게 털어놓았다. 공직의 선배와 동료께서는 실패한 공무원의 넋두리쯤으로 이해하시기 바라며 장차 공직을 꿈꾸는 후배들은 사회로부터 상당히 격리된 공직 사회의 또 다른 이면을 이해하는데 도움이 되었으면 한다.

필자의 신앙적 스승이신 연희감리교회 김영동 목사님과 졸저를 출판해 주신 연인M&B 신현운 대표님께 머리 숙여 감사를 드립니다.

2005년 4월

김순영

| 차례 |

제1장
공무원이 죽어야 나라가 산다

01. 공무원이 죽으면 가족은 울고 경제는 웃는다 _ 012
02. 정치인과 공무원의 거짓말 _ 015
03. 국민은 졸(卒)이 아니다 _ 018
04. 서울을 상징할 수 있는 광장 하나쯤은 있어야 _ 021
05. 공무원에게 공부를 못하게 하는 이상한 나라 _ 024
06. 똥물과 시냇물 _ 028
07. 기자(記者)와 기자(奇者), 또 다른 기자(寄者) _ 031
08. 멋진 구청장, 비신사 구청장 _ 034
09. 선거는 표준어도 바꿔 버린다 _ 039
10. 주사행정이 뭐가 나쁜가 _ 044
11. 불쌍한 18급 공무원 _ 047
12. 역설(逆說) 공무원 3대 수칙 _ 052
13. 공무원윤리헌장의 기상천외한 착취 _ 056
14. 들어갈 때 하위직은 영원한 하위직 _ 059

15. 서기면 서기지 무슨 놈의 서기관이냐 _ 063
16. 경제가 발전하면 공무원 부패도 발전한다 _ 066
17. 80년 초 사회 정화 때 숙정당한 선배 공무원 _ 071
18. 구급차에 실려 나갈지라도 _ 076

―제2장―
저 낮은 곳의 향기

01. 아들의 편지 _ 090
02. 낮은 곳을 살필 줄 아는 지혜로운 삶 _ 096
03. 영혼을 울리는 애절한 노래 _ 100
04. 바람직한 신앙인의 자세 _ 105
05. 파월 미 국무장관이 우리에게 주는 교훈 _ 109
06. 남의 허물을 가려주는 아름다운 마음 _ 114
07. 가을을 생각하며 _ 119

08. 진달래 필 때면 _ 123
09. 유럽을 울린 못 다한 사랑 _ 127
10. 유부초밥 _ 131
11. 순이 _ 136
12. 남을 칭찬하는 마음 _ 141
13. 마지막에 남기는 말 _ 145
14. 두고두고 후회되는 일 _ 149
15. 아름답고 소중한 이야기 _ 153

―제3장―
졸때기도 한마디 합시다

01. 굴러온 돌이 박힌 돌 뽑아낸다 _ 162
02. 진정한 평가는 퇴임 후에 이뤄진다 _ 166
03. 뒤로 가는 지방 공직 사회 _ 170

04. 직업공무원제 이대로 좋은가 _ 174
05. 반드시 청산되어야 할 패거리문화 _ 178
06. 공직자와 실사구시(實事求是) _ 183
07. 프로는 아름답다 _ 187
08. 그래도 희망은 있다 _ 192
09. 행정에도 전문가가 필요하다 _ 197
10. 공무원노동조합법이 제정되어도 아무 걱정 없다 _ 201
11. 행정의 인간성 회복이 시급하다 _ 205
12. 전임자가 한 일은 무조건 싫다 _ 209
13. 공직 내부에서 쓰고 있는 엉뚱한 말 _ 213
14. 자치단체장의 거꾸로 일하기 _ 217
15. 공직은 개인을 위한 것이 아니다 _ 222
16. 국회의원과 시장군수는 앙숙인가 _ 226
17. 신문이 매기는 엉터리 점수 _ 230

— 제1장 —
공무원이 죽어야 나라가 산다

우리 말에 '죽어산다' 는 말이 있다.

없는 듯이 살아간다는 말이다.

공무원이 평소에는 없는 듯하다가도

나라가 어렵고 국민들이 살기 힘들 때에는

분연히 일어서서 죽기를 작정하고 헌신 봉사한다면

그 길이 나라를 살리는 길일 것이다.

01
공무원이 죽으면 가족은 울고 경제는 웃는다

1998년 미국의 제록스 팰러엘토연구소의 마크 와이저는 이미 오래 전에 사라진 라틴어 유비쿼터스(Ubiquitous)라는 말을 부활시켜 화제를 일으켰다. 언제 어디서나 시공을 초월하여 컴퓨터와 네트워크에 자유롭게 접속할 수 있는 환경을 뜻하는 이 말은 매우 이상적이며 긍정적인 용어다.

그런데 최근에는 유비쿼터스 핸드라는 새로운 말이 생겼다. 언제 어디서나 무엇에든지 개입하는 손이라는 이 신조어는 한국 경제의 발목을 잡고 있는 관료집단을 꼬집는 매우 부정적 의미의 말이다.

최소의 정부가 최적의 정부냐 아니면 강력한 정부가 국가의 발전을 리드하는 좋은 정부냐에 대한 평가는 시대와 국가에 따라 다를 수밖에 없다. 그러나 경제 분야만큼은 정부의 개입을 최소화하는 시장경제의 원칙이 지켜져야 경제가 발전한다는 사실은 이미 역사적으로 그리고 사실적으로 입증되었다.

우리나라는 급속한 산업화 과정을 거치면서 그리고 30여 년의 군사정권을 겪으면서 정부가 정치·경제·사회의 모든 분야에 개입해서 간섭하고 규제하는 그야말로 초강력 대형 정부로서 기능을 해 왔다. 국민들의 일상생활이나 기업의 경제활동에 정부와 관계없는 것이 아무것도 없을 정도였다.

한복을 입지 말고 재건복을 입어라, 분식을 해라, 혼식을 해라, 대중교통을 이용해라, 쓰레기는 지정된 날에 버려라, 수도권에 공장을 짓지 마라, 서울 인구를 지방으로 이주시켜라, 심지어 자녀는 둘만 낳아라, 이제는 셋까지도 좋다, 프로야구와 프로축구단을 만들어라, 출자를 제한해라, 몇 층까지만 지어라, 입학시험을 따로 보지 마라 등등 이루 헤아릴 수도 없다.

이러니 국민들의 자율과 창의성을 어떻게 기대할 수 있겠으며 기업의 활발한 경쟁이 이루어지겠는가? 모든 것이 타율적으로 정부가 시키는 대로 움직이고 살아갈 수밖에 없다. 만일 정부 내에 바둑이나 프로골프를 관장하는 부처가 있어서 공무원들이 사사건건 간섭했다면 결단코 이창호와 이세돌 같은 세계적인 바둑 기사와 박세리와 같은 세계적인 골퍼가 탄생되지 못했을 것이다.

국민들의 수준이 공무원을 월등하게 능가하고 특히 기업에 우수한 인재가 집중되어 있는 상황에서 지금까지도 공무원들이 이것저것 간섭하고 이래라 저래라 규제하는 것은 세상 변한 줄 모르고 공무원들만 몽상에 빠져 있는 꼴이다.

단순히 공무원 수와 정부의 조직만으로 정부가 크다 작다 할 수는 없다. 정부의 기능과 권한이 중요한 변수로 작용한다. 정부의 크고 작음을 떠나서 공무원들이 국민생활과 기업의 경제활동을 활발하게 지원한다면 그 정부는 가장 좋은 정부일 것이다.

경제상황이 나쁘고 국민들이 살기 힘들면 사회의 곳곳에서 공무원이 죽어야 나라가 산다고 한다. 이 말은 공직자에게는 심히 부끄럽고 수치스러운 말이요 치욕의 말이다. 그러나 공직자가 죽어서 나라가 잘되고 경제가 발전한다면 공직자들은 매일매일 자신을 죽이는 각오로 일해야 할 것이다.

우리 말에 '죽어산다'는 말이 있다. 없는 듯이 살아간다는 말이다. 공무원이 평소에는 없는 듯하다가도 나라가 어렵고 국민들이 살기 힘들 때에는 분연히 일어서서 죽기를 작정하고 헌신 봉사한다면 그 길이 나라를 살리는 길일 것이다.

02
정치인과 공무원의 거짓말

　세상을 떠들썩하게 했던 일명 차떼기 불법 정치자금을 받은 혐의로 검찰에 소환된 당시 잘나가던 어느 거물급 정치인은 검찰청사의 포토라인에서 기자들에게 "절대로 돈 받은 일 없다. 검찰에서 모두 진실을 밝힐 것"이라고 했다. 그러나 몇 시간 후 조사를 받고 나온 그는 고개를 떨군 채 "할 말이 없다."고 했다. 그리고 그는 법원으로부터 최종 유죄 판결을 받아 현재 감옥에 갇혀 있다.
　정치인에 대한 수사가 시작되면 예외 없이 사실이 아니라고 강하게 부인한다. 어떤 이는 한 걸음 더 나아가 정치적 보복이라며 억울하다고 한다. 그런데 수사가 끝나고 재판이 진행되면 거의 대부분의 혐의내용이 사실로 인정되어 유죄가 선고되는 것을 보면서 국민들은 두 번씩 배신당하는 기분이다. 처음부터 사실을 솔직하게 인정하고 공인으로서 물의를 일으킨 점을 국민 앞에 고개 숙여 사과할 일이지 얼굴 색도 변하지 않고 잡아떼면서 억울하다고 해 놓고 왜 유죄 판결에는 승복하고 감옥에는 왜 가는가? 그렇게 억울하고 깨끗하다면 할복이라도 해서 누명을 벗어야 될 것 아닌가, 정치인들은 좀 더 정직하고 솔직해야 한다.

지난 해 서울시의 한 간부는 국감장에서 산하 구청에 행정수도이전반대 궐기대회를 독려한 일이 절대로 없다고 강하게 부인했다. 그러나 일부 구청이 급기야 서울시 간부 명의의 협조공문을 공개하고 나섰고 국회의원들은 위증이라며 서울시를 공격했었다.

서울시의 행정수도이전반대 입장은 하나도 잘못된 것 없는 너무도 당연한 일이다. 처음부터 사실을 인정하고 서울시의 반대는 전혀 잘못이 없다는 논리를 펴면서 정면으로 대응하는 것이 떳떳하고 시민들의 눈에도 서울시의 공무원들이 훨씬 든든하게 보였을 것이다. 그러한 의미에서 이명박 시장의 거침없는 정공법이 시민들로부터 많은 박수를 받았다는 사실은 시사하는 바가 크다고 할 수 있다.

뿐만 아니라 서울시 소속 대다수 공직자들이 이명박 시장을 전적으로 신뢰하는 계기가 되었으며 이 시장의 인기가 상한가를 기록했던 것도 이 시장의 이러한 정직한 직무수행의 당연한 결과라고 할 수 있다.

거짓말은 한순간의 위기를 모면할 수는 있다. 그러나 거짓이 어떠한 경우에도 진실이 될 수 없고 진실은 영원히 감춰지는 것이 아니라 언젠가는 반드시 밝혀지기 마련이다. 하나의 사인을 놓고 양당사자가 서로 달리 주장한다면 두 사람 중 어느 한 사람은 분명히 거짓말을 하고 있다. 정치인과 공직자의 거짓말은 자신만 망하게 하는 것이 아니라 국가와 사회에 독소로 작용한다는 것을 명심해야 할 것이다.

03
국민은 졸(卒)이 아니다

    우리나라 정부정책을 보면 과연 정부가 국민을 위해서 있는 것인지 아니면 국민이 정부를 위해서 존재하는지 구별이 안 되는 경우가 가끔 있다. 야경국가(夜警國家)에서부터 기능적 국가론까지 시대의 상황에 따라 정부의 역할이 무수히 변천해 왔지만 언제나 변하지 않는 것이 있다면 그것은 근대와 현대 어느 국가를 불문하고 정부는 국민을 위해 있다는 대명제가 전제되어 왔다는 것이다.

    1995년 전면적인 지방자치를 시행하기 전에 대도시 기초자치단체의 관할구역과 자치권에 대한 총체적인 검토와 조정이 반드시 있었어야 함에도 무엇에 쫓기듯 지방자치 이전의 행정구역을 기준으로 지방선거를 실시함으로써 주민이 자치단체를 위해서 있는 것처럼 본말이 전도된 사태가 여기저기서 벌어졌다.

서울의 신촌은 연세대와 이화여대 그리고 서강대, 홍익대 등이 밀집되어 있는 서울의 대표적인 대학가로써 그 옛날 신석기시대로부터 촌락을 이루어 함께 살았던 같은 생활권이었다. 그러나 구(區)가 자치단체가 되면서 신촌을 가로지르는 신촌로를 기준으로 동쪽은 서대문구, 서쪽은 마포구로 갈라놓았다. 이 바람에 한 지역에서 지방세는 물론 쓰레기봉투 값이 다르고 같은 길에 마을버스가 서대문구 차와 마포구 차가 따로따로 다닌다. 주민들은 바로 옆에 구청을 놔두고도 버스를 두 번씩 갈아타면서 자기 관할구청을 찾아가야 한다. 주민을 위한 지방자치라면 이 지역은 당연히 신촌구로 해서 신촌 사람들이 신촌구청장을 뽑았어야 할 일이다.

청량리를 동대문구와 성북구로 나누고 영등포를 영등포구와 구로구로 분리해서 인구의 형평성을 유지시킨 것도 신촌과 같은 사례다. 이 지역 모두 청량리구와 영등포구로 해서 주민들의 생활권을 보장해 주었어야 올바른 지방자치다.

자치단체의 구성요건에 단순히 인구의 과다는 중요한 변수가 아니다. 인구가 많은 자치단체도 있고 상대적으로 적은 자치단체도 얼마든지 있을 수 있다. 오히려 인구의 편차는 본래 의미의 생활자치라고 할 수 있다. 주민들은 인구가 많은 지역을 선호할 수도 있고 그 반대인 경우도 있을 수 있기 때문에 주민들이 자기가 살고 싶은 지역을 선택하도록 하는 것이 합리적이다. 그러함에도 지방자치단체에서는 인구 확보에 사활을 건다.

대도시 중심지역의 인구는 젊은층의 복잡한 도시의 탈출과 전원주택의 선호 등으로 차츰 줄어드는 것이 세계적인 현상이며 바람직한 도시정책임에도 상주인구의 회복이니, 떠나지 말고 돌아오라느니 하며 인구증가 정책에 죽기 살기로 나선다. 심지어 소속 공무원들에게 주민등록을 옮기도록 하는 탈법도 마다하지 않는다.

이것은 결국 주민을 위한 지방정책이 아니라 인구가 적어지면 구청의 기구와 공무원 수가 축소되고 자치단체로서의 자격상실과 동시에 인접지역으로 편입을 우려하는 행정관료와 국회의원 선거구 통폐합을 막아내려는 정치인의 의기가 절묘하게 맞아떨어진 결과라고 할 수 있다. 주민의 입장에서는 넓은 지역에 적은 사람이 사는 것이 훨씬 쾌적하고 생활이 편리하다.

전국적으로 보면 이렇게 불합리하게 경계가 설정된 곳이 한두 곳이 아니다. 지금부터라도 차근차근하게 준비해서 다음 지방선거 전까지는 일제히 정비해서 주민이 지방자치를 위해서 있는 것이 아니라 명실 공히 지방자치가 주민을 위하여 있다는 것을 보여주어야 할 것이다.

04
서울을 상징할 수 있는 광장 하나쯤은 있어야

세계적인 도시에는 예외 없이 그 도시의 명성에 걸맞는 광장 하나쯤은 있다.

프랑스혁명 당시 루이16세를 비롯해서 1천여 명이 처형되었던 파리의 콩코르드광장은 당시에는 혁명의 광장이었다가 지금은 화합을 상징하는 콩코르드광장이라고 한다. 수천 년의 역사와 수억 인구의 자화상, 그리고 문화혁명의 회오리를 조용히 지켜보았던 북경의 천안문광장, 사회주의의 대명사인 모스크바 크렘린궁과 붉은광장, 나폴레옹의 지배에 끈질기게 저항했던 저력 있는 스페인 국민의 사랑을 받고 있는 마드리드광장, 황금여신상의 룩셈부르크의 헌법광장, 미국 초대 워싱턴 대통령의 유업을 영원히 기리고 있는 뉴욕의 워싱

턴광장을 비롯해서 우리나라의 여의도광장도 유명하다.

　여의도광장은 조성 당시 군부독재자들이 자신들의 쿠데타를 미화하기 위해서 5·16광장이라고 명명했지만 국민들은 순수하지 못한 그런 이름을 거부했다.

　여의도광장에서는 세계적인 기독교 부흥사인 빌그레헴 목사가 100만명의 청중이 운집한 가운데 잠든 영혼을 깨우는 명설교를 한 곳이며 몇 해 전까지만 해도 국군의 날에는 우리 군의 자랑스런 위용을 온 국민에게 보여주었던 곳이다. 그러나 지금의 여의도광장은 절반을 쪼개어 나무를 심어 버려서 이제는 그 많은 시민이 모일 수가 없다.

　지난해 서울시가 만든 서울광장은 이전에는 시청앞광장이라고 했다. 한말(韓末), 지금의 덕수궁인 경운궁에 거처하던 고종황제는 서울광장 건너편에 원구단(圜丘壇)을 세우고 하늘과 땅에 제사를 지냈으며 그곳에서 대한제국을 선포했다.

　1987년 이 땅에 군사정권이 중단시킨 대통령직선제를 국민의 힘으로 쟁취한 6월 민주항쟁 때 연세대학교 이한열 군의 장례행렬이 이곳을 지나게 되자 시청앞광장에는 무려 100만 명의 시민이 모여 전 세계에 뉴스가 되었던 역사적인 광장이다.

　역시 시청광장도 잔디광장으로 이전과는 전혀 새로운 모습으로 시민 앞에 나타나서 이제 그곳에는 많은 시민이 모일 수 없게 되었다.

  조선조 6백년과 일제 강점, 행방과 건국 그리고 독재정권과 그에 항거하던 한민족 역사의 중심지인 서울에 서울을 상징할 수 있는 광장다운 광장 하나쯤은 지금부터라도 준비하고 설계해서 만들어야 할 것이다. 그리하여 7천만 우리 민족의 꿈에도 소원인 남북이 통일되는 날 그곳에서 우리는 남북이 하나되어 얼싸안고 춤을 추어야 할 것이다.

05
공무원에게 공부를 못하게 하는 이상한 나라

　사람이 80세까지 산다고 가정할 때 유치원 2년과 초등학교 6년 그리고 중·고등 과정 6년, 대학과 대학원 6년 등 전체 생애의 4분의 1인 20년을 공부하게 된다. 그러나 실제는 평생을 배우고 공부하다가 죽는 것이 인생이다. 그런데 공무원은 일단 공무원으로 임용되고 나면 임용 전에 그렇게 열심히 하던 공부를 딱 접고 공부를 할 기회가 거의 없어져 버린다.
　1990년대 중반까지만 해도 9급에서 5급까지 매 계급마다 승진할 때에는 승진 시험이 있어서 공무원들의 학구열풍이 대단했었다. 항상 책에서 떨어질 수 없었고 공무원 승진 시험 학원은 언제나 만원이었다. 뿐만 아니라 그때까지는 5급 사무관으로의 승진은 예외 없이 시험을 거치도록 해서 사무관은 아무나 되는 것이 아니라 실력이 없으면 될 수 없는 일종의 걸러내기 기능을 시험이라는 제도가 했었다.

그래서 난다 긴다 하는 유명한 6급 주사들이 5급이 되지 못하고 옷을 벗기가 일쑤였고 오죽하면 6급들 사이에 자신이 죽은 후 지방(紙榜)에 관(官)자 하나 붙이는 게 소원이라는 자조적인 말이 오고가기도 했다.

5급까지 승진 시험 과목은 직렬별로 다소 차이는 있지만 일반행정 직렬의 경우 국가의 근본 규범인 헌법과 행정작용과 행위에 관한 행정법, 그리고 행정의 이념과 원리를 연구하는 행정학, 사람의 출생과 혼인, 채권·채무 등 사회생활의 기본법인 민법 등이 있다.

이러한 과목은 공무를 수행하는 공직자에게는 반드시 필요한 기초적인 학문이다. 그럼에도 불구하고 지방자치가 시작된 1995년 이후 승진 시험의 원칙이 서서히 무너지기 시작해서 한때는 승진시험이 완전히 없어져 버리기도 했다.

시험을 통하지 않은 심사 승진 임용은 공무원의 실력을 저하시키고 정실인사를 가져올 수밖에 없다. 보다 못한 정부가 결국 관련법을 개정해서 최소한 사무관 승진만큼은 시험과 심사를 절반씩 하도록 강제로 규제하기에 이르렀다.

그러는 사이에 전국 지방자치단체에서는 실력과 그야말로 자격 없는 심사 승진 5급 사무관들이 무더기로 탄생되었으며 이와 관련한 자치단체장의 정실인사와 매관매직이 극에 달했던 매우 어두운 시기였다.

　시험 승진 폐지론자들은 공무원들이 시험공부에 몰두하기 때문에 업무추진에 지장을 준다고 한다. 그러나 정부에서는 한 사람의 유능한 공무원을 양성하기 위해서 수천 만원의 예산을 들여서 외국에 유학을 보내기도 하고 각 기관마다 교육원을 세워서 재직자에 대한 교육을 시키고 있지 않는가?

　실력이 있다고 해서 업무능력이 뛰어나지도 않고 반대로 일 잘하는 사람이 공부를 잘 하는 것이 아니라고 하지만 그렇더라도 공직자를 객관적으로 평가해서 우열을 가리는 기준은 시험밖에 다른 정도가 없다.

　9급에서 6급까지 승진 시험제도가 폐지됨으로써 공무원들이 공부를 하지 않는 것은 차치하고라도 젊고 실력 있는 공무원은 승진에서 탈락되고 평소에 일은 하지 않고 소위 엽관운동이나 하고 다니는 사람이 빨리 올라가는 웃지 못할 일이 비일비재하니 참으로 한심한 일이다.

　전국 지방자치단체 중에서 매 계급마다 승진 시험제를 채택하고 자체 상설 교육원을 세워서 공무원의 업무능력과 실력을 획기적으로 높이는 멋진 자치단체가 나온다면 국민들로부터 박수를 받을 것이다. 이러한 자치단체는 분명 주민에 대한 서비스도 최고의 수준이 될 것이다.

공무원이 되기 위해서는 죽기 살기로 공부하고 정작 공무원이 된 후에는 책을 덮어 버리도록 만들어진 제도는 하루 빨리 고쳐야 할 것이다. 사람이 사는 동안 평생을 공부하듯 공무원도 처음 시작해서 마지막 퇴직할 때까지 쉬지 않고 공부하는 사회가 되어야 할 것이다.

06
똥물과 시냇물

공무원들의 부정부패가 극에 달했던 아주 오래 전의 일이다.

일선 동사무소 직원들이 무허가 건물을 눈감아주고 몇 푼 안 되는 돈을 받기도 하고 쓰레기 수거 수수료의 일부를 슬쩍하기도 했다. 매년 초 동 직원들이 적십자사를 대신해서 거둬들이는 적십자회비도 천 원을 받고 오백 원 짜리 영수증 끊어주거나 아는 주민은 아예 개인영수증 써주고 수납대장에서 삭제하기도 했다. 지금으로서는 상상할 수도 없는, 어떻게 보면 좀 순수하고 어리숭한 수법이었는지도 모른다.

그러면 구청 직원들은 깨끗한가? 그렇지 않다. 건축허가나 지적 측량 빨리해 주고 사례금 받는 것은 애교쯤으로 봐준다 할지라도 구청에서 발주하는 공사의 부실을 눈감아주는 조건으로 금품을 수수하는 경우는 규모가 클 뿐 아니라 수시로 일어났다.

사정이 이러다 보니 높은데 있는 시청 직원들이 동사무소 직원을 똥서기, 또는 똥물이라고.놀리고 구청 직원을 구정물이라고 불렀다. 그러면서 시청에 있는 자기들은 시냇물이라고 목청을 높였다. 시청 직원들이 정말로 깨끗한 시냇물이었을까?

대단히 부정적이다. 오히려 동서기나 구청 직원들보다 더했으면 더했지 나은 것은 하나도 없었다. 시청 직원들의 부정은 불거졌다 하면 대형사건이었고 실무자에서부터 간부직까지 줄줄이 연결된 실타래와도 같았다.

개발시대에 허허벌판에 도시계획선 긋는 정보를 사전에 누출시키거나 이권에 따라 멋대로 그어댄 사건, 대단위 아파트 건축허가와 관련해서 특혜 분양받은 사건, 부실 한강다리 공사 눈감아준 수뢰사건 등 한두 가지가 아니었다. 그래서 동 직원들과 구청 직원들이 시청 직원들을 시냇물이 아니라 온갖 것이 썩어 뒤섞인 시궁창물이라고 했다. 호랑이 담배 피던 시절 옛날 옛적의 이야기다.

이제는 사회의 모든 시스템이 엄청난 속도로 투명해졌고 서울시와 구청, 동사무소의 직원들도 최고의 수준을 자랑하는 청결한 공직자들로 구성되어 있다.

　시청 직원들이 어릴 적 동무들과 멱감고 뛰놀던 고향의 시냇물과 같이 친근한 사람들, 구청 직원들은 구정물이 아닌 온 가족이 오순도순 함께 마시는 구수한 숭늉의 맛, 그리고 동사무소 직원들은 주민들의 입맛에 딱 맞아떨어지는 시원한 동치미 국물 맛이 되었으면 한다.

07
기자(記者)와 기자(奇者), 또 다른 기자(寄者)

정부 각 부처와 지방행정기관에는 취재를 전담하는 출입기자가 있다. 이들은 각 방송사와 신문사, 통신사 그리고 지방관서에는 그 지방에서 발행되는 지방지 기자로서 해당 부처에 출입하면서 취재하고 보도를 한다.

언론을 무관의 제왕이라고 하고 혹은 권력의 제4부라고 할만큼 민주사회에서 그 기능이 지대하다. 반면에 통제가 불가능한 권력, 국민으로부터 위임받지 않은 재벌 내지는 족벌권력이라는 따가운 비판의 대상이 되기도 한다. 끔찍한 살인사건까지 몰고 갔던 불법적 판매경쟁과 자사의 이해관계에 따라 여론을 호도하는 왜곡된 보도 태도, 군부 무력 앞에 힘없이 무릎 꿇은 굴절된 역사 또한 국민들로부터 사랑을 받지 못하고 있는 우리 언론의 현주소다.

　기자들은 대부분 명문대학에서 수학하고 높은 경쟁을 물리치고 언론사에 들어온 바른 기자(記者)들이다. 그러나 지방자치단체를 출입하는 일부 지방 언론사의 기자들 중에는 상식을 뛰어넘는 기이한 행동을 일삼는 기자(奇者)도 있다.

　실무자는 사람 취급도 하지 않고 오로지 국장이나 시장·군수·구청장만 상대하는 높으신 기자, 어디서 들었는지 전혀 근거도 없는 풍문 수준을 듣고 와서 마치 확정된 것처럼, 그리고 자기만 아는 것처럼 청내 방방 실실 다니며 떠들고 다니는 뜬소문 기자, 인터뷰 내용을 거두절미하고 자기 입맛대로 편집해서 담당공무원을 골탕 먹이는 멋대로 기자, 말끝마다 기사화하겠다고 은근히 위협하며 상대방 기죽이는 협박형 기자, 이들은 모두가 기이할 기(奇)자의 기자다.

　아침에 출근하자 마자 오늘 점심은 누구를 불러내서 어디서 먹을까부터 궁리하는 그러면서도 자신은 한 번도 식대를 내는 일 없는 기자(寄者)도 있다.

　퇴근 무렵이면 저녁에 술 얻어먹을 사람한테 연락하기 바쁘고, 공무원이 해외출장이라도 갔다 오면 선물 챙기기에 열 올리는 기자, 부모 회갑은 당연하고 장인장모 칠순까지 온 부처 내에 초청장 돌리는 몰염치 기자도 있다. 이러한 기자들은 붙여 살 기(寄)자의 기자다.

정부 각 부처와 자치단체 공보관실 공무원들은 보도자료 작성과 현안 설명 등 본래의 업무는 아무것도 아니고 출입기자 치다꺼리에 신물이 난다고 하소연한다. 그래서 공보관실은 근무를 기피하는 격무 부서로 공무원들 사이에 정평이 나 있다.

이제는 언론이 사주의 입맛에 따라 무책임하게 휘두르는 치졸한 사제(私製) 무기가 아니라 사회 정의를 실현하는 최후의 공기(公器)로서 사명을 다해야 할 때가 되었다. 그리고 자치단체를 출입하는 지방신문과 지역신문 기자들은 지역언론이 지방자치 발전에 한 축이 되는 성숙한 모습을 보여주어야 할 것이다. 그것만이 언론이 살아남고 국민으로부터 사랑받을 수 있는 유일한 선택이다.

08
멋진 구청장, 비신사 구청장

    몇 해 전 서울의 어느 구청장은 부하직원이 모친은 노환으로 거동을 못하여 대소변을 받아내고 하나 있는 딸은 중증 장애, 자신은 신장병으로 1주일에 두 번씩 혈액투석 치료를 받고 있다는 딱한 사정을 듣고 수행직원은 물론 운전원도 몰래 직원이 입원하고 있는 병원을 찾아가서 마침 그날 받은 봉급을 송두리째 병원비로 내놓고 왔다고 한다.
    이 사실은 아무도 모르는 일로 묻힐 뻔했으나 불행히도 그 직원이 세상을 떠난 후 그의 아내가 구청장을 찾아와서 눈물을 흘리며 그때 감사했던 이야기를 하게 되어 세상에 알려지게 되었다. 참으로 감동적인 이야기다.

경기도 어느 시장은 유관단체의 행사에 참석하기 위해 승용차를 타고 갔다가 마침 운전사까지 잠깐 자리를 비운 사이에 자기 시청 소속 불법주차 단속요원에게 적발되어 4만원의 과태료 처분을 받았다. 시장은 그 사실을 보고받은 즉시 사비로 과태료를 납부하고 당시 단속을 담당했던 직원을 찾아서 "추운 날씨에 정말 열심히 근무했다."고 격려한 뒤 모범을 보여야 할 시장이 부끄러운 행동을 했다며 시민들에게 사과했다고 한다.

호우경보가 발령된 기간 내내 하루도 집에 들어가지 못하고 수방담당 직원들과 함께 밤을 새우며 작업을 지휘하는 구청장, 화재현장에 누구보다도 먼저 나가서 피해 주민을 돌보는 시장, 구내식당에서 직원들의 틈에 끼어 줄을 서서 배식 순서를 기다리는 구청장을 보면서 우리 지방자치의 앞날에 희망이 있음을 확인하게 한다.

밤을 새우고 줄을 서는 것이 중요한 것이 아니라 자치단체장은 주민 위에 군림하거나 특별한 권력을 가진 것이 아니라 주민을 위한 봉사자라는 것을 실천한 아름다운 모습이요, 멋진 구청장, 좋은 자치단체장의 참모습인 것이다. 이러한 자치단체장은 잘 기억해 두었다가 다음번 선거에서 반드시 다시 뽑아야 할 것이다.

구청장과 구청 직원은 주종관계가 아니다. 직무상 상하관계에 있을 뿐이다. 구청장 혼자서 구청의 모든 일을 할 수 없기 때문에 구청장을 보좌하고 대리하는 구청 직원을 두는 것이다. 그럼에도 소속 직원을 마치 하인 다루듯이 하는 구청장이 있는가 하면 이와는 정반대로 소속 직원들에게 자기가 맡은 분야에 대해서는 담당자가 바로 구청장이라며 직원들에게 자부심과 긍지를 심어주는 멋있는 구청장도 있다.

사람이 하인 취급받으면서 일하고 싶겠는가, 아니면 구청장 대접받으면서 일하고 싶겠는가? 그리고 어떤 조직에서 업무의 능률이 오를 수 있겠는가, 대답은 자명한 일이다.

어느 시장은 자신의 친인척을 시 산하 공사(公社) 임원으로 채용했다가 여론의 호된 질책을 받는가 하면 자신의 토지에 공금으로 진입로를 내기도 하고 심지어 시장의 개인 건물을 무단 용도변경해서 음식점을 만들어 그곳에서 지역인사와 간부들을 불러다가 수시로 만찬을 했다니 어안이 벙벙하다.

어떤 광역단체장 부부의 드라마 같은 수뢰와 구속사건, 도지사 관사에서 일어난 값비싼 패물과 거액의 외화 도난사건을 쉬쉬하다가 범인이 잡힌 후에야 어쩔 수 없이 시인한 사건은 우리를 슬프게 한다.

최근 어느 지방의 도지사는 부대비용까지 무려 7천만 원을 들여 고급 관용차를 구입했다가 주민들과 시민단체의 비난이 거세게 일자의전용으로 쓰겠다는 궁색한 변명을 늘어놓기도 했다. 시장이 국회의원 집에서 국회의원과 합작으로 건축허가와 관련해서 업자로부터 돈을 받은 사건은 우리나라에서나 있을 수 있는 전대미문의 해외토픽감이다.

가족행사의 경비를 공금으로 지불하고 사적인 일에 공무원 동원하기, 그럴듯한 이유를 붙여 수시로 해외 나들이하고 혈연·지연·학연 챙기기는 기본이며 민원인으로부터 온갖 청탁 다 받아다가 담당 공무원에게 은근히 압력 넣는 나쁜 자치단체장도 있다. 이들의 한결같은 공통점은 권위주의적 사고(思考)다. 주민을 존중하는 겸손한 마음이 한 가닥이라도 있었다면 절대로 이러한 일을 하지 않았을 것이다. 이러한 자치단체장은 잘 기억해 두었다가 다음번 선거에서는 절대로 다시 뽑지 말아야 할 것이다.

순수한 의미의 지방자치는 동네사람들이 모여 그곳에서 나고 자란 사람을 대표로 뽑아서 자신들이 직접 할 일을 대표에게 맡긴 데서부터 출발하였다.
인구 730만의 스위스는 무려 26개의 자치적 주정부가 있고 우리의 기초자치단체에 해당하는 수많은 마을단위의 자치단체에서 대표자를 뽑는다. 이들 대표는 마을을 위해서 봉사할뿐 군림하지도 추악하지도 않다.

성서에 대접받기를 원하면 대접을 하고 비판받지 않으려면 비판하지 말라고 했다. 어찌 사람이 사람을 판단하리요 마는 우리의 주위에는 좋은 자치단체장과 나쁜 자치단체장이 매우 구별하기 어렵도록 섞여 있다. 지방자치의 발전과 나라의 장래를 위해서도 우리는 이들을 확실하게 구별해서 또다시 나쁜 자치단체장을 뽑는 우를 범하지 않도록 해야 할 것이다.

09
선거는 표준어도 바꿔 버린다

고려 태조 왕건이 남겼다는 〈훈요십조(訓要十條)〉에는 왕위는 적자로 할 것이며 야만족의 풍속을 멀리하고, 왕은 공평하게 일을 처리하고 널리 경서를 읽고 이를 실천할 것 등을 기록하면서 차령 이남은 산형지세(山形地勢)가 모두 반대 방향으로 뻗었으니 그 지방 사람은 배역할 수 있으므로 등용하지 말라고 했다. 산세가 나쁠 뿐 아니라 그 지역은 원래 백제 땅이어서 백성들이 고려에 원한을 품고 있을 것이라는 것이 왕건의 생각이었다.

〈훈요십조〉가 과연 맞는 말이냐에 대한 평가는 차치하고 흔히 정치인들은 〈훈요십조〉를 들어 지역 차별과 지역 감정의 근원이라고 한다. 그러나 〈훈요십조〉 이후 수백 년의 고려사와 조선역사를 통해서 지금처럼 지역 차별과 지역 감정이 만연했다는 기록은 어디에도 없다.

오늘의 지역 감정 구도가 굳어진 것은 1961년 영남 출신 군인들이 주도권을 잡은 5·16쿠데타 세력과 박정희의 군사정권에 있다는 것이 다수의 의견이다. 박정희 이후 전두환과 노태우, 김영삼, 김대중 정권을 거치면서 지역 차별과 지역 감정의 골은 더욱 깊어졌다.

특히 1971년 대통령 선거 당시 40대 기수론을 들고 나온 김대중 후보가 선풍적인 인기를 일으키자 이에 당황한 공화당 정권이 경상도의 단결을 외치면서 지역 감정에 호소하여 선거에서 아슬아슬하게 승리한 사건은 지역 감정이라는 새로운 병기를 선거전에 등장시켜 무서운 위력을 발휘케 한 유명한 사건으로 우리 역사에 기록되었다.

지역 감정의 악령은 순수해야 할 지방자치에도 점령군처럼 진주해서 많은 사람들에게 고통과 실망을 주고 있다. 시골의 군수 선거는 어차피 그 지방 사람들이 출마해서 자기들끼리 싸우고 자기들 중에서 군수가 탄생된다. 그래서 후유증도 심하지 않고 선거의 상처도 쉽게 치료된다.

그러나 여러 지방 사람들이 모여 사는 서울과 인천, 경기도는 양상이 전혀 다르다. 이 지역 자치단체장 선거는 마치 축소판 대통령 선거를 방불케 한다. 주민의 출신 분포가 선거 결과에 절대적으로 영향을 미치는 것은 기본이고 당선된 자치단체장의 출신 지역에 따라 지방행정의 기본 틀이 바뀌는 매우 저급스러운 행태가 10년 이상 계속되고 있다.

박정희 정권의 고위직 지역별 출신 분포를 보면 영남이 30%, 호남 출신이 10%대였다. 이러한 구도는 전두환, 노태우, 김영삼 정권까지 큰 변화 없이 이어지다가 김대중 정권에서는 반대로 호남 출신 고위직이 대폭 늘어나게 되었다.

지방자치도 마찬가지다. 영남 출신 시장에게 중용되어 잘나가던 간부도 시장이 호남 출신으로 바뀌면 하루아침에 한직으로 물러나는 것이 당연한 인사로 받아들여진다. 시장이 자기 사람, 자기 지역 사람을 챙기면서 생기는 지방 공직 사회의 고질적 병리현상이다.

이러한 세태에서는 아무리 능력 있고 일 잘하는 공무원도 시장과 고향이 다르면 빛을 볼 수가 없다. 이것은 단순히 출신 지역에 대한 차별만이 아니라 군사정권 이후 끈질기게 맥을 이어온 영·호남간의 묵은 감정이라고 할 수 있다.

지난 해 서울의 어느 구는 호남 출신 구청장에서 영남 출신 구청장으로 바뀌면서 청내에서 사용하는 표준어가 달라졌다고 한다. 전임

구청장 시절에 자랑스럽게 쓰던 전라도 사투리가 어느 날 갑자기 사라지고 이제는 특유한 악센트의 경상도 사투리가 표준어가 되었다고 한다. 물론 구청의 주요 직위는 호남에서 영남으로 자연스럽게 전원 교체가 되었다.

사정이 이러다 보니 상대적으로 지역 색이 옅은 경기도와 강원도, 충청도 출신 공무원들은 이 눈치 저 눈치 살피며 줄서기를 할 수밖에 없고 이쪽에도 저쪽에도 끼지 못하는 소외된 사람들은 차라리 영남과 호남을 독립시켜서라도 망국적인 지역 감정을 없애야 한다고 볼멘소리를 하고 있으니 참으로 통탄스러운 일이 아닐 수 없다.

미국과 독일, 일본 같은 선진국에도 지방색은 있다. 그러나 그들은 우리나라처럼 이유 없이 상대방을 증오하고 차별하는 지역 감정이 아니라 지방의 특색과 전통을 이해하고 공유하는 긍정적 의미의 지방색이다. 어느 비평가는 우리나라에서 유능한 정치인이란 지역 감정을 최대한 이용해서 지역을 기반으로 장수하는 정치인이라고 꼬집었다.

국민의 건전한 이성을 마비시키고 사회 정의를 폐기시키며 국정을 왜곡시키는 지역 감정은 어떠한 이유로도, 어떠한 형태로도 용인되어서는 안 될 것이다. 특히 지방자치에는 이미 오래 전에 폐기되었어야 할 정치판 모델의 지역 감정이 절대로 발붙이지 못하도록 해야 한다.

 지방자치에 지역 감정이 개입되면 연고주의와 패거리문화, 정실인사가 판을 치게 되고 이것은 결국 지방자치를 망하게 하는 지름길이다. 지방자치가 추구하는 가치는 두 말할 나위 없이 주민의 복리증진과 지역 발전에 있다. 늦었지만 지금부터라도 지방자치단체장이 출신 지역이나 소속 정당의 굴레에서 깨끗하게 탈피해서 진정한 의미의 주민을 위한 봉사자로 거듭나기를 주민 모두와 함께 기원해 본다.

10
주사행정이 뭐가 나쁜가?

한때 서울시 행정을 주사행정(主事行政)이라고 은근히 비하하던 시대가 있었다. 1천만 서울시의 행정을 고작 6급 공무원인 주사가 좌지우지한다는 투로 하는 말이었다.

사실 건국 초로부터 1970년대까지만 해도 주사가 구청의 과장도 했고 시청의 주요 부서에서 핵심적인 역할을 했던 것이 사실이다. 그러나 주사라고 해서 무조건 자격과 실력이 없다는 식의 선입견은 대단히 잘못된 생각이다.

중앙부처에서 정책을 입안하고 대형 프로젝트사업을 구상하는 공무원에게는 깊은 정책적 철학과 풍부한 지식이 반드시 필요할 것이다. 그러나 버스노선 결정하고 청소대책 수립하고 가로 정비하는 일선 지방공무원에게는 높은 지식보다는 오랜 현장 경험과 친숙한 인간관계가 훨씬 더 필요하다. 뿐만 아니라 지역 사정에 어두운 고시 출신 신참 과장보다는 그 지역에서 오랫동안 근무한 6급 공무원 주사가 더욱 지역 실정에 맞게 업무를 효율적으로 추진할 수 있다.

서울시의 행정을 군대와 우편만 없는 작은 정부라고 한다. 그만큼 복잡다기한 기능을 수행하고 있는 것이다. 복잡하고 다양한 업무를 시민들의 욕구에 맞춰 효율적으로 추진하기 위해서는 두 말할 나위 없이 지역 사정에 밝은 주사의 역할이 증대할 수밖에 없다.

당시 서울시에 온통 젊은 고시 출신들만 있었다면 난립된 도시를 정비하기 위한 도로 뚫고, 다리 놓고, 무허가건물 철거하는 일이 제대로 추진되었을까? 아마도 그렇지 못했을 것이다. 하나의 안건을 놓고도 이것이 최적모형이다, 아니다 저것이 합리모형이다 하며 허탄한 논쟁으로 귀중한 세월을 보내고 있었을 것이다.

지금의 서울은 도시가 안정적으로 정비되었고 시정 또한 세계 최고를 자랑하는 수준으로 발전되었다. 서울시의 공무원 구성 역시 대다수 주요 직위에는 젊은 고시 출신 엘리트들이 포진하고 있다. 그리고 지금은 누구도 서울시 행정을 주사행정이라고 비꼬지 않는다. 오히려 일부 중앙부처와 전국 지방자치단체에서 우수사례를 배우기 위해서 서울시를 수시로 방문해서 견학하고 간다. 기관과 업무의 특성은 생각지도 않고 무조건 주사행정이라며 비하하는 태도는 몹시 잘못된 행태다.

11

불쌍한 18급 공무원

    1963년 우리나라에 최초로 체계화된 국가공무원법이 제정될 당시 일반직 공무원의 계급구조는 1급에서 5급 을류까지 9등급 체계였다. 1~5급의 구분은 계급제적 요소이고 갑류와 을류의 구분은 직무의 난이도에 따른 구분으로써 직위분류제(職位分類制)의 기능을 가미한 것이었다.

    그러다가 1981년 5공화국 초기에 공무원법에 대한 전문 개정이 있었고 이때 공무원의 계급을 1급에서 9급으로 단순 계층화하면서 이전의 갑류와 을류의 구분을 없애 버렸다. 같은 9등급 구조를 띠었지만 5공화국 공무원법은 공무원 계급체계를 단순 계층화한 것이다.

    당시의 군 출신 입안자들은 조선시대 관직구분이었던 정1품에서

종9품까지 18품계를 적용해서 공무원의 계급도 1급부터 18급으로 초안을 마련했다가 최종 검토과정에서 계층수를 줄였다고 한다. 만일 1급에서 18급까지 18등급으로 개정이 되었더라면 신규채용 공무원은 18급으로 시작했을 것이다.

  18급 일반직 공무원이 최고로 올라갈 수 있는 계급이 1급이니 18급이 1급을 쳐다보면 머리가 어지러워서 감히 바라보지도 못할 일이다. 뿐만 아니라 5급 을류 공무원이 하루아침에 9급으로 전락하고 말았으니 사기가 말이 아니었다.

  조선시대 과거시험 갑과(甲科)에 급제한 사람을 종6품 참상관(參上官)이라고 해서 문무백관이 정전(正殿) 앞에 모여 임금을 조현(朝見)하는 조회에 참석할 수 있는 권한을 주고 중앙의 일정한 관직이나 지방 수령직을 맡게 했다. 이와 유사하게 오늘에도 행정고시에 합격한 사람을 5급 공무원으로 임용하고 5급 이상을 간부직 공무원으로 구분한다.

  1980년대 초까지만 해도 공무원이 공무중에 반드시 패용하게 되어 있는 공무원증의 색상을 계급별로 구분했다. 6급 이하는 분홍색, 4~5급은 노란색, 3급 이상은 파란색으로 했다. 그래서 정작 공무원 수가 가장 많은 6급 이하 공무원은 공무원증 패용을 기피하고 몇 명 안 되는 간부직 공무원들은 자랑스럽게 달고 다니는 웃지 못할 일도 있었다.

공무원의 출장시 실비로 지급되는 교통비와 식비, 숙박비 등 여비도 직급별로 지급 기준이 다르다. 같은 목적으로 여러 계급의 공무원이 동시에 출장을 할 경우 계급별로 식당과 숙소를 달리 정해야 할 판국이다. 1급이나 9급이나 같은 사람인데 계급이 다르다 하여 자는 것과 먹는 것까지 차등을 두는 것은 심히 불공정하고 경직된 규정이다.

최근에 많은 논란과 첨예한 관심사가 되고 있는 계급별로 차이를 두는 공무원 정년제도도 문제점이 많다. 6급 이하는 57세, 5급 이상은 60세로 하는 것은 그 기준이 적정하지 않을 뿐 아니라 정년을 직종이나 담당업무에 관계없이 획일적으로 연령을 기준으로 하는 것은 설득력이 없다. 오히려 5급 이상 간부직의 정년을 짧게 해서 조직의 신진대사를 촉진하고 실무자인 6급 이하 공무원의 정년을 길게 하는 것이 행정의 능률성을 확보할 수 있는 방안이 될 수도 있다.

우리는 대표적인 계급조직을 군대와 경찰이라고 한다. 그러나 일반 공직 사회에도 역시 계급과 서열을 중시하는 계서제(階序制)의 원칙이 강하게 작용한다. 20대의 젊은 고시 출신 과장 밑에 있는 50대 계장은 아들 같은 과장의 지시와 명령을 따라야 하는 것이 현실이며 직제상 하급기관은 상급기관의 지휘와 감독을 받게 된다.

심지어 같은 계급에서도 호봉수에 따라 서열이 정해지고 호봉이

같을 경우 임용일자로 선후를 따지는 것이 공무원 사회의 풍조다. 같은 기관에 근무하는 부부 공무원 중 아내의 계급이 높을 경우 근무시간에는 아내가 지시하고 퇴근 후에는 남편이 지시한다는 우스갯소리도 있다.

선진국에서는 이미 오래 전에 직위 분류제가 시행되어 계급에 따른 사람의 분류가 아니라 직무 중심, 일 중심으로 공무원을 분류하는 것은 기본이고 같은 업무에는 동일한 급여가 주어지는 합리적인 제도를 가지고 있다. 그러함에도 우리나라는 아직도 조선시대의 신분적 관료주의의 향수에 젖어 있다.

물론 산업화시대에 국정의 신속하고도 능률적인 운영을 위해서, 그리고 과거 남북 대치의 긴장을 효율적으로 극복하기 위해서는 일사불란한 계급제의 장점을 취할 필요도 있었다. 그러나 지나친 계급지상주의는 행정의 경직화는 물론 몰 인간성을 가져와 사회가 메마르고 강퍅해질 수밖에 없다.

다행스러운 것은 최근에 임용되는 신규 공무원들이 대부분 자유스러운 사회 분위기 속에서 교육을 받았고 개방적인 사고를 가지고 있어서 공직 사회도 빠른 속도로 변화가 진행되고 있다.

공무원의 계급은 일을 하기 위한 하나의 제도적 장치다. 계급의 높낮이가 사람을 평가하는 기준이 되어서는 안 될 것이며 오히려 계급제가 공무원 사회의 인간관계를 개선하고 인간중심의 행정이 이루어지는데 순기능을 해야 할 것이다.

 필자는 5급 을류로 공직을 시작해서 5공화국 초기에 하마터면 18급이 될 뻔했다가 30년이 지난 지금까지 겨우 겨우 5급으로 재직하고 있다. 5급으로 시작해서 5급으로 공직을 마친다는 것은 자랑할 일이 아니지만 그렇다고 부끄러운 일도 아니다. 고위직에는 못 올라갔을지라도 33년의 공직을 큰 과오 없이 마친다는 것도 그리 쉬운 일은 아니라고 스스로 위로한다.

12
역설(逆說) 공무원 3대 수칙

군대 갔다 온 대한민국 남자는 다 아는 졸병 3대 수칙이 있다. 시키면 시키는 대로 하고, 주면 주는 대로 먹고, 요즘에는 없어졌지만 때리면 때리는 대로 맞는 것이 심간(心肝) 편하다는 말이다.

공무원도 편안하게 장수하기 위해서는 반드시 지켜야 할 3대 수칙이 있다. 밑에서부터 올라가고, 평소에 잘하고, 맨입으로 하지 말라는 것이다.

무슨 일이든지 실무자부터 접촉해서 위로 올라가야 일이 잘 풀린다. 속된 표현이지만 송곳이 끝에서부터 들어간다는 말이 있듯이 실무자 거치지 않고 위에 가서 부탁하면 될 일도 되지 않는다는 뜻이다.

다음으로 평소에 인간관계를 잘 가지라는 것이다. 공직 사회도 역시 사람 사는 세상이다. 아무리 규정대로 한다고 해도 사람이 하는 일이기 때문에 상황에 따라서는 인간성이 개입되지 않을 수 없다. 같은 조건의 여럿에서 하나를 선택해야 한다면 누구를 고르겠는가? 평소에 아는 사람을 선택할 수밖에 없는 것이 인지상정이다.

다음으로 맨입으로 하지 말라는 것이다. 조선시대 어느 임금이 세상 모든 것을 마음대로 할 수 있으되 그래도 곶감 하나라도 갖다주는 신하가 더 정이 가더라고 했다는 일화가 있다. 평소에 차 한 잔, 설령 탕 한 그릇이 매우 중요한 일에 결정적으로 작용할 수도 있다는 말이다. 이상은 공직자가 장수하기 위해서 지켜야 할 다소 유치한 역설적 3대 수칙이다.

그러면 진정한 의미의 공무원 3대 수칙은 무엇인가?

먼저 기본에 충실해야 한다. 공직자로서 지켜야 할 기본적인 의무를 이행하지 못하는 사람은 다른 어떤 일도 제대로 할 수 없다. 출근 시간을 잘 지키지 않는다거나 전날 마신 술 때문에 결근을 자주 하는 공무원은 신뢰를 얻을 수 없고 그러한 사람에게는 중요한 일을 맡기지 않는다. 새로운 사업을 확장하고 벤치마킹(bench-marking)하는 것도 중요하지만 조직에 부여된 기본적인 사업을 차질 없이 하는 것이 더욱 중요하다. 주민들의 최저 생활도 보장하지 못하는 자치단체가 대규모 개발사업을 추진한다면 과연 그 사업이 성공할 수 있겠는 가?

　다음으로 상대방에 대한 배려다. 과거 권위주의 시대의 행정은 행정 편의주의 또는 공급자 위주의 행정이라는 비판을 받아왔다. 그 주된 이유는 상대방 즉, 주민에 대한 배려 없이 공무원 자신이 편하도록 일을 해 왔기 때문이다.

　국가의 모든 정책과 사업은 수요자인 국민의 입장에서 국민을 배려해서 결정하고 시행되어야 한다. 부처의 명칭 하나에도 이용자인 상대방이 알기 쉽도록 정해야 할 것이다. 영문 이니셜을 따서 SH공사니, DMC니 하는 것은 자기들끼리는 잘 알겠지만 상대방인 국민은 그곳이 과연 무엇을 하는 곳인지 고개를 갸우뚱하지 않을 수 없다.

　이제 이러한 상대방에 대한 배려 없는 행정은 주민들로부터 외면당할 수밖에 없고 그러한 공직자는 성공할 수 없는 시대가 되었다.

　다음은 협력과 조화를 중시해야 된다. 개인이 일하던 시대는 이미 오래 전에 지났다. 새로운 시대는 시스템(system), 조직이 일하는 시대다. 과거에는 힘있는 몇 사람이 모여서 주요 정책을 결정하거나 유관기관과의 협의 없이 독자적으로 사업을 추진하여 시행착오와 비효율을 가져 오는 사례가 빈번했고 그것이 결국 사회의 부담으로 작용하게 되었다.

　사람과 사람, 부서와 부서 간, 자치단체 간, 그리고 자치단체와 중앙정부 간의 협력과 조화는 국가의 경쟁력을 제고시키고 사회를 한 단계 성숙하게 만드는 중요한 변수가 된다.

얼마 전 세간의 이목이 집중되었던 끔찍한 살인사건을 수사하는 과정에서 경찰이 훼손시킨 수목을 당해 경찰서에 원상복구를 요청했다는 어느 자치단체에 관한 보도를 접하면서 정부기관 간의 행정응원은 아직도 멀었다는 생각을 했다. 복구는 신속하게 자치단체에서 하고 비용부담은 추후 상호협의하는 것이 기관 간의 협력과 조화를 이루는 현명한 방안일 것이다.

기본에 충실하고, 상대방에 대한 성실한 배려, 그리고 협력과 조화가 중시되는 행정이 이루어진다면 공직 사회는 주민들로부터 신뢰와 사랑을 받게 될 것이다.

13
공무원윤리헌장의 기상천외한 착취

 1980년 신군부 군사정권은 미군정 시대부터 내려오던 대체로 체계화된 공무원 조직문화에 많은 부문에 걸쳐 파격적인 제도를 도입했다. 18년간의 독재정권의 종언을 고하고 진정한 의미의 민주정부 출범을 기대하던 국민들의 희망과는 전혀 상관없이 어느 날 갑자기 등장한 또 다른 군사정권에 공무원들도 드러내놓지는 못했지만 불만이 있을 수밖에 없었다.
 이러한 공무원 사회의 분위기를 반전시키기 위해서 5공화국 초기에 그들은 공무원에 대한 사상 초유의 대대적인 승진 인사를 단행하는 한편 계급체계를 충격적으로 개편했다. 뿐만 아니라 봉급도 예년의 인상폭을 월등하게 능가하는 수준으로 올려 공무원의 입을 막았다.

그러나 이러한 승진과 봉급 인상이라는 경제적 보상과는 달리 그들은 공무원윤리헌장의 전면적인 개정을 통해서 공무원들을 정신적으로부터 엄청난 착취를 감행했다.

공무원윤리헌장 세 번째 줄에는 '이 생명은 오직 나라를 위하여 있고' 라고 규정하고 있다. 공무원의 생명이 오직 나라를 위하여 있다는 선언은 시대의 고금과 양의 동서를 불문하고 어디에도 없고 있어서도 안 된다. 만인의 생명은 태어날 때부터 이미 천부적으로 인간으로서의 존엄과 가치를 가지고 태어난다. 오직 생명은 자기 자신을 위하여 있는 것이지 직업이 공무원인 사람의 생명은 나라를 위하여 있고 공무원이 아닌 사람의 생명은 자신을 위하여 있다는 논리는 대단한 억지에 불과하며 그것은 인륜에도 거슬리는 착취라고 할 수 있다.

한국 사람은 태어날 때부터 '민족중흥의 역사적 사명을 띠고 이 땅에 태어났다' 는 지금은 사라져 없어진 유신(維新)시대에 급조한 국민교육헌장과 조금도 다를 것 없다.

만일 그러한 논리라면 삼성그룹 사원의 생명은 삼성을 위해 있고 농사를 짓는 농부의 생명은 농토를 위해 있는가? 공무원이든 기업의 사원이든 농부든 모두가 직업인이고 자기가 속한 조직과 직업에 최선을 다할 뿐이다. 다만 국가의 공무를 담임한 공무원은 상대적으로 국가에 대한 높은 충성과 헌신, 봉사가 요구된다고 할 수 있다. 외국에서는 공무원도 기업체의 사원과 전혀 다름없이 봉급받고 일하는 하나의 생활인으로 인식된 지 이미 오래다.

　민주국가의 성숙한 공무원이라면 '오직 하나뿐인 생명일지라도 나라를 위해서는 기꺼이 바치겠다'는 윤리의식을 가져야 할 것이다. 자진해서 바치는 것과 강제로 바치도록 강요하는 것은 본질적으로 다르다.
　이제는 공무원에 대한 무한의 충성만을 강요하던 시대는 지나갔고 그러한 요구는 오늘의 시대정신에도 맞지 않는다. 국가에 대한 충성심이 공무원 스스로부터 우러나올 수 있도록 중지를 모아서 공무원 윤리헌장을 차원 높게 전면 개정해야 할 때가 되었다.

14

들어갈 때 하위직은 영원한 하위직

세계적으로 장기간에 걸쳐 일고 있는 경제 불황은 심각한 취업난을 동반하고 있고 어렵게 구한 직장도 조기에 퇴직해야 하는 신분 불안정 현상이 계속되고 있다. 따라서 젊은층에서 대체적으로 정년이 보장되는 공무원을 선호하게 되고 공무원 시험을 준비하고 있는 사람들이 무척 많다. 그러나 지금 급하다고 해서 무턱대고 공무원 시험을 준비하기 전에 반드시 몇 가지를 충분히 검토해 보아야 할 것이 있다.

먼저 공무원에 대한 막연한 환상을 깨끗이 깨야 한다. 공무원이라는 직업은 과거 권위주의 개발만능시대처럼 권력적이거나 신분상의 특권이 인정되지 않는다. 오히려 공무원이라는 신분 때문에 사회적으로 제약을 더 받는 경우가 허다하게 많다. 일반인과 똑같이 음주운전에 단속되더라도 공무원에게는 사회적 비난이 더욱 심하고 형사벌과 징계벌을 동시에 받게 된다.

급여의 수준도 기대 이하다. 9급 1호봉 신규 공무원 본봉은 617,300원이다. 참으로 놀랄 일이다. 부모로부터 재산을 물려받았거나 아니면 가족 중에 일정한 소득이 없으면 평생을 궁핍에서 벗어날 수 없다.

9급 공무원으로 들어가서 아주 특별한 경우가 아니면 4급, 중앙부처의 과장급이 되기도 하늘의 별따기이고 대부분 6급에서 정년퇴직한다. 신문에는 종종 7급 출신이 장관이 되었다느니, 9급 면서기 출신이 차관급이 되었다느니 하면서 하위직도 열심히 하면 고위직에 올라갈 수 있는 것처럼 보도하지만 자세히 그 이면을 들여다보면 이들은 대부분 중간에 파격적인 신분 변동이 있었던 사람들이다.

일반직으로 있다가 어떤 기회에 정치적으로 임용되는 정무직이 되었던지 아니면 기막힌 줄서기 솜씨로 1~2년 사이에 2계급씩 초고속 승진을 한 경우가 대부분이다. 정상적인 방법으로, 보통사람의 경우에는 9급이나 7급 출신 공무원은 장·차관이 될 수 없는 것이 공무원 조직이다. 따라서 지금 당장 급한 마음에 9급 공무원으로 들어간다면 미안한 말이지만 평생을 하위직 소리 들으며 서럽게 고위직의 보조자 노릇이나 할 수밖에 없다.

　공무원 조직에서 대체로 6급 이하를 하위직이라고 한다. 4~5급을 중간 관리자, 3급 부이사관 이상을 고위직으로 분류한다. 부처마다 그리고 중앙정부와 지방자치단체 간에 다소 차이는 있지만 어디에도 6급 이하 공무원들은 설 자리가 없다. 관리자들이 정책을 입안하거나 결정할 때 듣기 좋게 말해서 협력자라고 하지만 실제는 보조자로 만족해야 하는 경우가 태반이고 일선 집행기관에서는 그것도 국민의 정부 시절에 구조조정한다며 없애 버린 계장 직위가 고작이다. 그러니 공무원으로서 자부심도 긍지도 없을 뿐 아니라 일례로 밖에 나가면 신분 밝히기를 꺼리고 공무원증을 가지고 다니지 않게 된다.

　그러면 어떻게 하는 것이 제대로 된 공무원이 되는 길일까?
　대답은 간단하다. 행정고시에 도전하는 길이다. 지금 공무원 시험을 준비하는 수험생의 대다수가 대학을 마친 우수한 인재들이다. 지금부터라도 행정고시를 준비하는 것이 훨씬 빠르다. 행시 선발인원도 해마다 늘고 있으므로 아예 고시촌에 입촌해서 죽기 살기로 공부하면 반드시 합격할 수 있다. 만일 3년 내지 5년 안에 합격한다면 9급으로 들어가는 것보다 12년에서 15년은 빠르게 승진할 수 있다. 9급 공무원이 5급이 되려면 보통 15년에서 20년은 걸리니 계산은 정확하지 않는가?

행정고시에 합격해서 5급 공무원으로 임용되면 그때부터는 평탄한 삶과 장래가 보장된다. 보통의 경우 1~2급까지는 무난히 승진할 수 있고 행정부의 주요 보직을 거친 후에는 입법부 진출도 꿈꿀 수 있다.

공무원 시험을 준비하는 젊은이들이여! 그러나 실망하지 마시라. 비록 9급으로 시작했지만 근무하는 중에 꾸준히 공부해서 행정고시에 합격한 사람도 있고 직급은 낮지만 고위직보다 열 배, 백 배 추앙받는 사회의 등불이 된 사람도 허다하게 많다.

반면에 고위직 공직자의 부도덕한 행위가 사회적으로 지탄의 대상이 되었던 일도 헤아릴 수 없이 많다. 계급으로 사람을 평가하는 미성숙한 우리 사회에서 그래도 희망을 잃지 말고 밤낮으로 자기 계발을 위해서 정진하면 반드시 성공한 공직자가 될 것이다.

15
서기면 서기지 무슨 놈의 서기관이냐

　우리나라 법률의 상당수가 일제하에서 제정되었기 때문에 대륙법계의 형태를 띨 수밖에 없고 조문도 일본식 용어가 허다했었다. 공무원의 계급 명칭도 지금은 많이 사라졌지만 얼마 전까지만 해도 명칭 뒤에 수(手) 자, 부(夫) 자를 붙인 경우가 많이 있었다.
　타자수, 운전수, 전달부, 고용원 등으로 쓰다가 타자수가 타자원으로, 다시 사무보조원으로 지금은 사무원으로 개칭되었다. 행정직은 서기보, 서기, 주사보, 주사, 사무관, 서기관 등으로 쓰고 있다.
　서기보는 서기의 보조자쯤으로, 주사보도 마찬가지로 주사의 보조자로 알기 쉽다. 그러나 엄연히 서기보는 9급 공무원, 주사보는 7급 공무원이지 단순히 서기와 주사의 보조원이 아니다. 기술직은 기원보, 기원, 기사보, 기사, 기좌, 기감 등 일반국민들은 이해하기 어려운 명칭을 오랫동안 써 오다가 최근에 와서야 행정직과 통일시켰다.

과거에 기술직 공무원이 자기 직급을 기사라고 하면 누구 차 운전 기사냐고 하고 기좌라고 하면 어느 신문사 기자냐고 되묻는 해프닝이 자주 일어났었다.

국세청의 경우에는 6급 이하 공무원을 조사관으로 하고 있으며 경찰공무원은 계급에 관계없이 모두 경찰관이라고 한다. 일반직도 서기보, 주사보 할 것이 아니라 행정관, 협력관 또는 조정관 등 얼마든지 부르기 쉽고 듣기 좋은 명칭이 많이 있을 터인데 굳이 일제의 찌꺼기인 서기, 주사를 고집하고 있다. 이것은 공무원관련 정책을 입안하는 고위직들이 자신들과 하위직을 명칭에서부터 구별하기 위해서 수십 년 동안 개정해야 된다는 공무원들의 말을 들은 척도 하지 않고 있다.

강원도 시골 어느 면사무소 소속 산림감시원이 산골을 순찰하다가 수렵꾼 한 사람을 만나게 되었다. 감시원이 신분증을 보여 달라고 하자 중앙부처 간부인 그가 공무원증을 보여주었는데 감시원이 처음으로 서기관 공무원증을 보고 "서기면 서기지 무슨 놈의 서기관이냐?"며 가짜 신분증이 아니냐고 했다는 말이 있다. 당시 면사무소에는 면장과 주사, 서기, 서기보 그리고 감시원, 수로원밖에 없었으니 군수급인 서기관 공무원중은 처음 볼 수밖에 없었을 것이다.

이제는 공무원 계급 명칭도 공무원 위주로 할 것이 아니라 국민 위주로, 국민들이 직급 이름만 들어도 무엇을 하는 사람인지 쉽게 알 수 있도록 전면적인 개정을 해야 할 때가 되었다.

16
경제가 발전하면 공무원 부패도 발전한다

공직자들의 부정부패가 극을 이루던 1970년대는 아이러니하게도 우리나라 경제는 눈부시게 발전하던 시대였다. 물론 1960년대 중반부터 시작된 월남전의 군수산업에 우리 기업이 진출하게 되고 연이은 중동건설 붐이 경제성장의 원동력으로 작용하기도 하였지만 이보다는 당시 국가 지도자와 정치인, 특히 공직자들이 기업의 경제활동을 적극적으로 지원한 점도 중요한 변수가 되었다.

경제가 활성화되면 정부기구가 확대되고 공무원 수도 증가하게 되며 공무원의 역할 또한 중대하게 된다. 자고 나면 아파트가 올라가고 곳곳에 새로운 도로가 뚫리는 현실에서 그것을 계획하고 집행하는 공무원들이 차분하게 앉아 있을 수 없는 일이다. 공직자들도 기업인

못지않게 전국의 현장을 뛰고 세계를 누볐던 역동적인 시절이었다.

그러나 세상사 모든 일에는 양면성이 있기 마련이어서 이러한 긍정적인 경제발전 뒤에는 역사상 유례를 찾아볼 수 없을 정도로 공직자들이 부패할 대로 부패한 암울한 시대였다. 하루가 멀다 하고 고위직, 하위직 가리지 않고 공직자의 비리가 신문과 방송에 보도되었다. 정부에서는 이러한 공직 사회의 부조리를 깨끗이 척결하지 않고서는 지속적인 경제발전이 어렵다는 판단 아래 획기적인 대책을 수립하게 되었으며 정부 모든 부처에 공무원의 비리를 예방하고 처벌하기 위한 서정쇄신(庶政刷新) 전담부서를 신설하게 되었다.

민원서류에 소위 급행료라는 웃돈이 스스럼없이 오가던 그때 갑자기 몰아닥친 서정쇄신의 칼날에 호적등본 한 통 떼주고 팁으로 받은 1만원 때문에 직장을 그만둔 사람이 한둘이 아니었다. 당시 공무원징계양정규정에는 금품수수행위는 금액의 과다를 불문하고 파면이었고 징계시효도 무려 3년으로 다른 혐의보다 길었다.

서정쇄신의 매서운 바람으로 공직 사회는 놀라운 속도로 깨끗해졌다. 그러나 한편으로는 또 다른 역기능이 일어나고 있었다. 단돈 몇만원 받다가 파면당할 바에는 아예 크게 한 건 하고 그만둔다는 그릇된 생각이다. 실제 그랬던 사람들이 많이 있었다. 거액의 시유지 매

각대금을 챙기고 사라지는 공무원이 있는가 하면 부동산 등기 때 내는 세금을 공무원이 개인 영수증 써주고 착복하는 일이 발생하기도 했다.

그러나 그보다 더욱 심각한 폐해는 공직 사회에 안 받고 일 안 하는 풍조가 만연하기 시작한 것이다. 급행료를 안 받는 대신 순서에 의해서 신속하게 일을 처리해 주면 누가 뭐라고 하겠는가마는 그게 아니라 허가서류를 접수해 놓으면 언제 될지 모르고, 이 핑계 저 핑계로 계속 미루기만 하고 있으니 시민의 입장에서는 더욱 답답한 노릇이 아닐 수 없다. 차라리 급행료라도 받고 빨리빨리 해 주는 것이 사업하는 사람들에게는 훨씬 도움이 된다며 아우성이었다.

자정적(自淨的) 노력 없는 외부 규제에 의한 공직 사회의 정화가 오히려 경제활동에 걸림돌이 되고 여기에 내수 침체와 세계적인 불황까지 겹치면서 우리의 경제는 끝없는 추락을 거듭하다가 결국 비참한 IMF체제까지 이르게 되었다. 공직 사회가 깨끗하면 깨끗할수록 국가의 경쟁력이 높아지고 기업하기에 좋은 조건이 된다는 것은 두말할 필요도 없다.

지난해 국제투명성위원회에서 발표한 2004년 국가별 부패지수(CPI)를 보면 역시 선명한 사회시스템을 가지고 있는 핀란드와 덴마크, 싱가포르 같은 나라들이 가장 깨끗한 나라로 발표되었고 우리나라는 쿠웨이트와 남아프리카공화국보다도 낮은 47위로 평가되었다. 참으로 부끄러운 일이 아닐 수 없다.

과거에 비하면 우리나라 공직 사회가 놀라울 정도로 투명해지고 깨끗해진 것은 누구도 부인하지 못할 것이다. 그러나 아직도 기업인과 특히 외국인들은 그렇게 좋은 평가를 하고 있지 않다.

공직자의 부조리 방지를 위해서는 어떠한 완벽한 법과 제도에 앞서 공직자 사회의 건전한 윤리와 도덕률이 확보되도록 스스로 청렴운동을 일으켜야 할 것이다. 아울러 정치인과 고위공직자들이 철저한 윤리의식과 성숙한 법 준수정신으로 모든 공직자에게 모범을 보여야 한다. 이러한 일들은 법으로 강제하거나 위반자에 대한 처벌만으로는 기대할 수 없다.

상탁하부정(上濁下不淨)이라는 말이 있다. 윗물이 흐리면 아랫물은 반드시 흐리게 되어 있고 윗사람이 바르지 못하면 아랫사람도 이를 본받아 행실이 바르지 못하다는 말이다. 정치인과 고위공직자·교육자·기업의 총수들이 먼저 도덕적으로 그리고 윤리적으로 모든 국민들에게 수범을 보일 때 국민들은 지도자를 신뢰하고 스스로 자정하게 된다.

청렴은 공직자의 의무 중에서도 가장 핵심적 의무다. 청렴하지 못한 공무원은 성실할 수 없고 공정할 수도 없다. 공무원도 한 사람의 생활인인 것은 틀림없지만 행정부 구성원의 일원으로서 명예와 자부심을 우선하는 직업이다. 한순간의 실수로 평생을 두고 후회하는 일이 없도록 매일매일 기도하는 마음으로 직무를 수행하고 주민을 위한 참다운 봉사에서 보람을 찾는 슬기로운 삶을 살아야 할 것이다.

17

80년 초 사회 정화 때 숙정당한 선배 공무원

 가을도 깊어가던 30여 년 전 시월의 어느 날 나는 신규 공무원으로 임용되어 서울의 변두리 어느 동사무소에서 근무하게 되었다.

 창문 너머로 난지도 샛강의 갈대숲이 보이고 언덕에 올라서면 행주산성을 끼고 흐르는 검푸른 한강물이 한눈에 보이는 아름다운 동네, 나는 그곳에서의 그리 길지 않은 근무 기간에 내 일생을 통하여 그토록 많은 가르침과 깨달음을 주실 분을 만나리라고는 꿈에도 생각하지 못했다.

 그때 나의 상사였던 김 사무장은 실수 투성이의 햇병아리 공무원인 나의 가슴에 넓고도 깊은 감동과 오래도록 잊어 버릴 수 없는 기억을 남겨주었다. 내가 김 사무장에게 끌리게 된 것은 직장의 상사이기 때문이 아니요, 그분의 학벌과 화려한 경력 때문도 아니었다.

　가치의 기준이 양적 성장에 치우쳤던 1970년대 그 시대에 50이 넘은 20년 경륜의 노공무원이 어쩌면 그토록 깨끗한 마음과 뜨거운 가슴을 가졌는지 많은 세월이 흐른 지금에도 나는 김 사무장을 경외하지 않을 수 없다.

　월남의 패망과 함께 최초로 창설된 민방위대의 편성과 주민등록증 일제 경신 발급 등 엄청난 일을 추진할 때에는 모든 직원들이 신명나서 따라올 수 있도록 당신이 직접 앞장서고 직원들이 어려운 일을 당할 때에는 아무도 몰래 도와주는가 하면 애경사가 있을 때에는 자신의 일인 양 발벗고 나섰다.

　지금은 이름도 생소한 옛날 말이 되고 말았지만 당시 한창이던 새마을사업 한다며 구슬땀 흘리면서 동네 골목마다 콘크리트 포장하고 산동네 꼭대기까지 수돗물 끌어들이는 일에 이곳에 사는 주민들보다 더 뻠집을 실었다.

　김 사무장 밑에서 3년여 동안 나는 많은 것을 배우고 다른 곳으로 전근하게 되었다. 짐을 챙겨 떠나던 날 나를 정류장까지 바래다주며 "열심히 노력해서 꼭 성공하게!" 하면서 내 손을 꼭 잡아주고 호주머니에 차비를 넣어주었는데 나는 그때를 생각하면 지금도 가슴이 뭉클해진다.

1980년대 초 새로운 군사정권은 사회 정화라는 미명 아래 죄 없는 공무원에 대한 대대적인 숙정이 있었다. 불행하게도 그분은 뚜렷한 이유도 없이 숙정 대상이 되어 공직을 떠나게 되었다. 그분은 빈 껍질에 불과한 직업공무원제를 탓하며 한창 일할 50대 초반에 타의에 의하여 공직을 떠나 방황의 세월을 시작하였다.

한때는 낚시로 한을 달래기도 하였고 한동안은 어느 공장에서 경비원으로 일하기도 하였으나 어느 것도 김 사무장에게는 위로가 되지 못하였다. 나는 시간이 있을 때마다 김 사무장을 찾아뵙고 위로도 해 드리고 식사도 대접하였다. 여유가 있을 때에는 가끔 용돈도 드리고 낚시하실 때 타고 다니시라고 자전거도 한 대 사드렸다. 그 후 나는 몇 군데의 구청을 거쳐 서울시청에 근무하게 되었다.

어느 날 김 사무장으로부터 "정군! 내가 지금 시청 쪽으로 가고 싶은데 자리에 있겠는가?" 하는 전화를 받았다. 마침 나는 긴요한 행사 준비 관계로 막 출장을 나가려던 참이었기에 "사무장님! 제가 지금 급한 일로 나가려던 참인데요. 퇴근 시간쯤이면 어떻겠어요?" 하였더니 "그러면 다음에 연락하겠네." 하고 전화를 끊었는데 그때 전화 통화가 그분과의 마지막 대화가 될 줄을 꿈엔들 상상이라도 했겠는가.

며칠 후 세상을 뜨셨다는 청천벽력 같은 기별을 듣고 나는 한동안

멍하니 하늘만 바라보고 있었다. 내가 그분을 만나 뵙는 것보다 무엇이 그리도 급했길래 어쩌면 마지막 마음에 있는 말 한마디라도, 아니면 이 못난 사람의 얼굴이라도 한 번 보려고 오겠다는 그분을 바쁘다는 알량한 핑계로 못 오시게 하였으니 영정 앞에서 한없이 울었지만 그래도 가슴이 답답하고 죄인된 심정이었다.

김 사무장이 세상을 떠나고 몇 해가 지나서 나도 동사무소 사무장으로 근무하게 되었다. 발령을 받던 날 나는 마음속으로 김 사무장과 같이 이 세상에서 가장 자상한 사무장, 가장 정이 있는 사무장이 되겠노라고 다짐을 하였지만 지난날을 되돌아보면 아쉬움뿐이다.

　사람과 사람을 가장 강하게 묶어주는 것은 '진실된 마음'이라고 한다. 자신의 이익만을 좇는 강퍅하고 메마른 시대에도 결코 높은 지위는 아니었을지라도 김 사무장과 같이 뜨거운 마음을 가진 분이 있었기 때문에 공직 사회는 끈끈한 정이 있고 모두를 한 곳에 모아주는 마음의 울타리가 있는 것이다.

　이제는 우리의 역사 앞에 김 사무장과 같은 불행한 공직자가 다시는 없어야 할 것이며 우리는 각자 있는 곳에서 누가 보든지 안 보든지 직무에 정성을 다하고 상사와 동료, 그리고 아랫사람들에게 마음에서 우러나는 정을 베풀어 줄 때에 이 세상은 더욱 아름답고 훈훈해

질 것이다.

 평생을 두고 잊을 수 없는 잔잔한 감동을 남겨주고 세상을 떠난 한 분의 선배 공무원을 나는 오래도록 기리고 있다.

18

구급차에 실려 나갈지라도
(사무관 승진시험기)

대상이 되는 줄도 모르고

"정 계장! 지금 여행이나 하고 다닐 때가 아니야. 내일 모레가 시험인데……" 총무과장으로부터 이 말을 듣는 순간 나는 둔기로 머리를 맞은 것 같은 충격을 받았다. 남들은 이미 지난여름부터 시험대상이 된다는 것을 미리 알고 학원에 다니면서 열심히 공부를 하고 있었다는데 나는 소중한 시간을 허송해 버리고 만 것이다. 그것도 모자라서 뭐 잘났다고 해외여행까지 하고 다녔으니 다른 사람들이 나를 답답한 사람이라고 얼마나 비웃었을까?

낙심만 하고 있을 일이 아니었다. 나는 그날로 종로에 있는 대명학원에 2개월 과정의 4과목 강의를 신청하고 매일 저녁 5시 반부터 10시 반까지 하루 5시간씩 강의를 들었다. 학원에는 이미 1년 전부터 강의를 듣고 있다는 동료들이 많이 있었으며, 그들은 이제 최종 정리 단계에 있다고 하였다.

과거에 서울시는 9급에서 8급으로의 승진에서부터 5급 승진에 이르기까지 매 직급마다 승진시험을 치러왔다. 그 덕분으로 헌법과 행정법, 행정학은 그런대로 기초 지식을 가지고 있었지만 사무관 승진시험 2차 과목인 민법총칙은 지금까지 전혀 접해 보지 못한 생소한 분야다. 민법총칙은 강의를 들어도 좀처럼 이해가 되지 않으며 돌아서면 금방 잊어 버리게 된다.

민법규정은 우리 인간이 사회생활을 하는데 있어 가장 기본적 법률관계인 자연인과 법인의 권리의무 그리고 출생과 혼인, 사망 등 가족관계, 채권·채무와 같은 재산관계 등 지극히 상식적인 분야 같지만 실제는 매우 이해하기 어려운 과목이다.

뿐만 아니라 행정학은 하루가 다르게 새로운 학설이 주창되는가 하면 출제자의 의도에 따라 정답을 고르기가 무척 힘든 난해한 과목이다. 행정학은 아무리 꾸준히 공부를 해도 1년에 3내지 5점도 올리기 힘든 학문이다. 소위 법(法)이 아니고 학(學)이기 때문에 학자마다 다른 학설을 주장하기도 한다.

우이학촌에 들어가다

학원 공부를 하고 있던 1994년 11월 10일경 평소 가까이 지내던 이상헌 학형으로부터 연락이 왔다. "혼자 공부하기 너무 어려울 텐데 우이동에 방을 얻어서 다른 친구 한 사람과 셋이서 함께 공부를 하는 것이 어떻겠느냐."는 것이다. 이상헌 학형은 이미 7급과 6급 승진시험 때 두 번이나 나와 함께 공부한 경험이 있고, 특히 이형은 평소에도 꾸준히 공부하는 사람으로서 시험 때마다 한 번에 합격하는 대단히 높은 실력자였다.

나는 기쁜 마음으로 그해 11월 15일에 우이학촌에 입촌하게 되었다. 보던 책과 몇 가지 옷을 챙겨 집을 떠나오던 날 고려대학교 다니던 큰아이와 초등학생이던 아들은 학교에 가고 없고, 아내와 나, 막내딸 주희 이렇게 셋이서 기도를 드렸다.

"제가 지금 불안한 마음으로 집을 떠납니다. 그러나 주님이 함께하시면 반드시 기쁨으로 돌아올 것을 믿습니다."

이 짧은 기도를 드리는데 왜 그렇게도 눈물이 쏟아지는지 몇 번이나 말을 잇지 못하고 멈추면서 기도를 가까스로 마쳤다. 시험에 대한 전혀 준비도 없고 확신도 없는 못난 내 자신이 너무도 부끄럽고 서러웠던 것일까? 아내는 매우 침착하게 속에 있는 감정을 표출하지 않았다. 아마도 장기간 집을 떠나는 남편 앞에서 약한 모습을 보이지 않으려 했던 것 같다.

　아내는 나를 택시 정류장까지 바래다 주었는데 차를 타고 오면서 뒤를 돌아보니 내가 보이지 않을 때까지 그곳에 서 있었다. 아내는 그제서야 많이 울었을 것이다.

　1994년 겨울은 유난히도 춥고 눈도 많이 왔다. 우이동 산 속의 집은 고요하기 그지없다. 그러나 나는 그곳에서 또 한 번의 실망과 좌절을 느껴야 했다.

도저히 따라갈 수가 없다

　셋이서 같은 책으로 공부를 했는데 낮에는 각자 진도에 따라 개인 공부를 하고, 저녁식사 후에는 셋이서 함께 문제를 풀었다. 한 사람이 읽고 서로 답을 말하는 것인데 이 방법을 통해서 문제를 풀다 보면 왜 그것이 답이 되는지를 설명도 하고 자기의 의견을 자유스럽게 말하기 때문에 기억이 가장 오래 남는 학습방법이다. 그러나 두 사람은 이미 1년 전부터 꾸준히 준비를 해 왔고 나는 공부를 시작한 지 한 달도 아직 안 되기 때문에 도저히 따라갈 수가 없었다. 특히 민법은 아무리 설명을 해 주어도 이해가 안 되는 것이다. 나도 답답했지만 함께 있는 친구들도 무척 난망한 표정이었다.

나는 공부방법을 바꾸었다. 민법총칙 문제집을 매일 1페이지부터 시작해서 첫날을 50페이지까지, 그 다음날은 또다시 1페이지부터 100페이지까지, 또 다음날도 1페이지부터 150페이지까지 이런 식으로 열흘을 하고 나니까 무려 민법총칙 문제집을 열 번을 풀어 본 결과가 되었고, 어떤 문제는 책 어느쯤에 있다는 것까지 어느 정도 알게 되었다. 친구들이 깜짝 놀랐다.

열흘이 지난 후 나의 민법총칙 실력이 그들과 거의 같은 수준에 오른 것이다. 그러다가 해가 바뀌었다. 세상 사람들은 성탄절이다, 연말이다, 새해다 모두들 들떠 있건만 초조한 수험생은 괴롭고 힘든 날의 연속이었다.

나는 그곳에서 공부를 하면서도 매일 오후 4시에는 어김없이 아무도 몰래 혼자 뒷산 한적한 곳을 찾아갔다. 그곳에 기도처를 정하고 정말 곤고한 자, 갈급한 자가 되어서 기도를 하였다.

"주님! 저에게 합격의 영광을 주시면 저의 직책을 통해서 주를 증거하겠습니다. 그리고 첫 열매를 주님께 바치겠습니다."

사람은 풍요롭고 만족할 때보다 어렵고 힘들 때 더욱 순수해지고 깨끗해지는 것일까? 나의 이 기도는 솔직히 내 진심이었고 주님과의 약속이었다. 그동안에 친구들의 가족과 아내가 맛있는 음식을 가끔 해 가지고 와서 영양보충도 하고 직장과 가족들의 소식도 듣곤 하였다.

요로결석증으로 입원

그러나 1995년 새해 1월 13일 아침, 나는 뜻하지 않은 시련을 당하게 되었다. 그날 새벽부터 배가 살살 아프기 시작하더니 아침 9시쯤에는 도저히 참을 수 없도록 아팠다. 소리를 지를 지경에 이르렀다. 구급차에 실려 인근 내과 병원으로 갔었다.

병원에는 미리 와서 기다리고 있는 환자들도 많이 있었지만, 나는 염치불구하고 대기실 바닥에서 소리를 지르며 마구 뒹굴었다. 기다리던 사람들이 저러다 죽겠다며 간호사한테 저사람 먼저 빨리 치료해 주라고 하는 것 같았다. 의사는 몇 마디 묻더니 '요로결석' 증상이니 빨리 이대 동대문병원으로 가라는 것이다. 나는 그때 처음으로 요로결석 통증이 여성들이 겪는 해산의 고통보다 더 아프다는 것을 알게 되었다.

이대병원 응급실에 도착하자 마자 우선 진통제 주사부터 맞고 있었는데, 아내가 연락을 받고 급하게 달려왔다. 그런데 한참 후에 웬일인지 통증이 가라앉고 견딜 만했다. 그래서 나는 아내에게 입원하지 않겠다고 하고 집으로 돌아와 버렸다.

그날 저녁을 집에서 자고 다음날 아침 일찍 노량진 고시학원에 단기 코스 문제풀이 강의를 들으러 갔었다. 정오쯤 됐을까 또다시 참기 어려울 정도로 통증이 왔다. 나는 그 길로 혼자 택시를 타고 이대병원에 가서 입원을 하였다.

담당의사분께 시험 준비중이라는 말을 하였더니 레이저로 치료하면 4일이면 퇴원할 수 있다고 했다. 실제로 입원한 지 4일 만에 퇴원을 하였다.

병원에 있는 동안 나는 이상한 사람 취급을 받았다. 입원실에 있으면서도 책을 보고 강의 테입 들으면서 계속 공부를 하고 있었더니 501호실 환자는 고시공부를 하다가 정신병자가 되었다는 소문이 돌았다. 남의 심정도 모르고 나는 정말 웃을 수도 울 수도 없었다.

응급실에 갔다가 그냥 와 버린 날까지 모두 5일간을 허비하고 나니 시험 날짜는 한 달밖에 남지 않았고 마음은 답답하고 걱정스러웠다. 그래도 아내와 함께 병원에서 퇴원하자 마자 바로 우이학촌으로 왔다.

5일 만에 친구들과 마주 앉아 다시 문제를 풀어 보니 그들은 엄청나게 진도가 나가 버렸고 도저히 따라갈 수가 없었다. 나는 중대한 기로에 서게 되었다. 포기하고 짐을 챙겨서 집으로 돌아가야 하나? 아니면 하는 데까지 끝까지 해 보아야 하는가? 참으로 감당하기 어려운 순간이었다.

포기의 기로에서

그날 큰아이가 내가 퇴원해서 바로 합숙소로 갔다는 말을 듣고 저녁때 찾아왔다. 아이는 나에게 "아빠는 의지가 강하시니까 반드시 해낼 거예요." 하는 것이다. 이 말을 듣고 나는 정신이 번쩍 났다. 그렇다! 내가 이곳에서 쓰러져 또다시 구급차에 실려 나가는 한이 있더라도 나는 기필코 할 수 있는 데까지 최선을 다할 것이다.

정해 놓은 시간은 왜 그리도 빨리 다가오는지? 내가 입원해 있는 사이에 같이 공부하는 사람이 한 사람 더 늘었다. 나는 네 사람 중에 제일 늦게 자고 제일 먼저 일어났다. 보통 새벽 2시에 자고 5시에 일어났다.

나는 지금까지 살아오면서 그렇게 헐벗고 굶주리며 살지는 않았지만 음식만큼은 식욕이 없어서 먹지 못한 경험이 거의 없다. 오죽했으면 아내가 "당신은 음식에 까다롭지 않아서 참 좋아요." 했을까? 그러나 나는 이곳에 와서부터는 도무지 식욕이 없다. 하루에 겨우 한 끼니 정도나 먹었을까? 거기다 잠도 제대로 못 자고 마음 또한 불안하고 초조하다 보니 합숙한 지 두 달 만에 체중이 벌써 6kg이 빠져 버렸다. 계단을 오르기 힘들고, 산에 기도하러 갈 때에도 한참을 쉬어 가기도 했다.

훗날 이야기지만 시험장에 갔을 때 나의 동료들이 나를 알아보지 못했다고 한다. 얼굴이 너무도 말라비틀어지고 머리는 더벅머리가 되었으니 그럴 수밖에…….

아내의 편지

시험 하루 전날인 1995년 2월 18일 토요일 오후에 큰아이가 찹쌀떡과 엿을 예쁘게 포장해 가지고 왔다. 너무 감격스러웠다. 포장을 뜯어 보니 아내의 정성스런 편지가 맨 위에 놓여 있었다.

오늘도 뜻있었던 하루가 되셨을 줄 믿습니다.
이 세상 삶에 경쟁의 끝이 없고 우리 욕심 또한 끝이 없습니다. 주께서 당신이 최선을 다하는 것을 보셨으니 좋은 결과가 있을 것입니다.
그러나 되고 안 되는 것은 우리가 결정하는 것이 아니고 그분의 뜻이라는 것을 믿으십시오. 우리 아이들의 기도를 들어 보시렵니까?
"아빠가 공부를 빨리 끝내고 우리 집에 오게 해 주셔요!"
곁에 있어 사랑해 주는 아빠로만 만족하고 기다리고 있답니다. 큰아이도 계장님 딸로 만족하다고 한답니다. 계장이면 어떻습니까?
큰아이가 당신한테 간다고 하기에 저의 마음 전합니다. 그 어려운 중에도 중도에 포기하지 않은 것만으로도 당신이 믿음직스럽습니다.

마음 편하게 가지십시오.

1995. 2. 18.

당신의 아내 드림

큰아이를 보내놓고 다시 한 번 아내의 편지를 읽으면서 나는 많이 울었다. 이렇게 내가 마음이 약한 것은 모두가 시험에 대한 자신이 없는 데에서 연유한 것이리라. 차라리 시험 대상이나 되지 않았더라면, 아니면 지난번 요로결석으로 입원했을 때 아예 포기해 버렸더라면 이런 고통은 없었을 텐데…….

평소에 성실하지 못했던 것, 미리 미리 준비하지 못했던 내가 한없이 원망스러웠다. 내가 만일 낙방한다면 못난 나를 믿고 근무성적 평정을 준 상사들을 무슨 낯으로 뵈며 3개월씩이나 자리 비울 때 내 몫까지 고생해 준 동료들을 어떻게 만날 수 있을까? 늙으신 어머니와 아내 그리고 자식들에게 내가 뭐라고 변명할 수 있을까? 그러나 이제 와서 후회하고 부끄러워한들 그것이 무슨 소용이 있겠는가? 그저 할 수 있는 최선을 다했으니 내일 시험장에 가서 실수나 하지 말고 아는 문제 틀리지 않도록 신중을 기하면서 시험에 응해야 하겠지.

결전의 날은 다가왔다

1995년 2월 19일 오전 9시 30분 대광고등학교 시험실에 입실 완료, 나는 시험 서열이 늦다 보니 우리 기관 수험생들 중 맨 뒷자리에서 시험을 보게 되었다.

첫 시간은 1차 시험으로 행정법과 헌법 50문제다. 시험시간은 50분. 대부분 평이한 문제로 사무관으로서의 기본적인 자격을 갖췄는지를 평가해 보려는 수준이었다. 큰 어려움 없이 답안지를 메꿨다. 그런데 시험 시작 10분쯤 경과했을 때부터 머리가 심하게 아파 왔다. 이럴 줄 알았으면 진통제라도 한 알 먹고 왔으면 좋았을 텐데…….

오후에는 2차 시험이다. 당일에는 1차 시험에 대한 채점이 불가능하기 때문에 1차 시험 합격 여부와 관계없이 응시자 모두가 2차 시험을 보게 된다. 2차 시험은 예상했던 대로 굉장히 어렵게 출제되었다. 어떤 문제는 문제집에도, 학원 강의에서도 전혀 들어 보지 못한 생소한 문제도 많이 출제되었다.

행정학과 민법총칙 2과목 50문제 중에 확실하게 자신할 수 있는 문제는 30문제 정도밖에 되지는 않은 것 같았다. 이런 수준이면 떨어지는데 지장 없을 것이다(?) 시험장을 빠져나오면서 3개월 4일 동안(108일간) 그토록 고생한 보람도 없이 모두가 허사로구나 생각하니 앞이 캄캄하였다.

넷이서 그 길로 다시 우이학촌으로 돌아왔다. 세 사람 모두가 나보다 훨씬 잘 본 것 같았다. 서로 답을 맞춰 보는데 나는 열 개 이상 틀린 것 같았다. 주사위는 던져졌고 화살은 이미 시위를 떠났는데 안타까워해 보았자 무슨 소용이 있겠는가.

각자 짐을 챙겨 석 달 동안 정들었던 우이학촌을 나왔다. 집으로 돌아오니 아이들은 모두 오후 예배에 가고 아내 혼자 있었다. 우리는 고개 숙여 기도 드렸다.

"제가 떠나 있는 동안 가족을 지켜주신 주님 감사합니다. 저는 최선을 다했습니다. 이제 모든 것을 주님의 뜻에 맡깁니다."

아! 내 집이 이렇게 좋구나. 가정의 소중함을 다시 한 번 깨닫게 되었다. 오랜만에 이발을 하고 목욕도 했다. 밤에는 저녁예배에 참석하였다. 3개월 만인데도 모든 것이 서먹서먹하고 교우들도 왠지 낯설어 보였다.

못난 나에게도 영광이

합격자 발표는 시험본 지 꼭 한 달 만에 했다. 채점을 수작업으로 몇 번씩 확인한다고는 하지만 행정자치부는 왜 그렇게 발표를 늦게 하는지 수험생들의 불만이 높다. 1995년 3월 20일 합격자 명단이 발표되었다. 내 이름도 그곳에 끼어 있었다. 이게 정말 꿈은 아니겠지?

지나온 고통의 날들이 이제는 아름다운 추억으로 남았다. 우이학촌에 함께 있으면서 부족한 나를 이끌어 준 평소 존경하는 이상헌, 하정수, 이진근 학형 정말로 평생을 두고 잊지 못할 것이다. 합숙했던 네 명 모두가 합격했다. 그 후에도 우리 네 가족은 부부동반하여 지금까지도 가끔 만나고 있다.

나는 승진되던 첫 달 봉급을 주님께 바쳤다. 내가 사무관 승진시험에 합격한 것은 오직 주 앞에 새벽마다 일천번제의 제단을 쌓던 사랑하는 아내의 기도의 덕분으로 나는 믿고 있다.

'아내여! 그대를 내 평생 어찌 잊으리오.'

— 제2장 —
저 **낮은 곳**의 **향기**

아랫사람과 동료들은 쳐다보지도 않고
윗사람 눈치만 살피면서
남보다 먼저 올라가는 사람의 삶이
성공한 것이 아니요,
약자에 대한 배려 없는 강자는
진정한 의미의 강자가 아니다.
자신보다 못한 이웃과 동료를
살펴볼 줄 아는 지혜로운 공직자가
이 시대에 성공한 공직자의 삶이다.

01
아들의 편지

　　10살 소년의 여린 가슴에 평생을 두고 잊어 버릴 수 없는 아픈 기억을 남겨주고 다시는 돌아올 수 없는 먼길을 떠나 버린 아버지를 생각할 때마다 나는 지천명의 나이임에도 육친의 애틋한 정은 어쩔 수 없는 것인지 눈가에 이슬이 맺힌다.
　　아버지를 여의고 홀어머니 밑에서 외롭게 자라면서 어려운 일들을 당할 때마다 세상의 모든 아버지는 그 아버지가 존경받는 훌륭한 분이건 그렇지 못한 분이건 나는 모두가 귀중한 존재, 부러운 사람으로만 느껴졌었다.
　　아버지와 다정하게 이야기를 주고받는 옆집 친구를 보면서 눈물을 흘렸고 학교에 다니면서는 교과서에 아버지에 대한 글이라도 나오면

책을 덮어 버리고는 하면서 어린 시절을 보내게 되었다.

희미하게 기억할 수 있는 아버지와의 세월 7, 8년을 회상할 때면 나는 언제나 자라지 않은 옛날의 소년으로 돌아간다. 어느 날 나는 아버지와 함께 집에서 20리나 떨어진 5일장에 가게 되었다.

잡화점에 진열되어 있는 울긋불긋하고 멋진 소리가 나는 나팔이 갖고 싶어서 아버지의 손목을 붙잡고 사달라고 조르는 나에게 "저것은 금세 고장이 난단다. 우리 저기 가서 빵이나 먹자." 하시면서 빵집으로 데리고 가셨는데 그때 아버지와 마주 앉아 먹었던 찐빵이 얼마나 크고 맛있었던지 지금도 기억 속에 생생하다.

내가 태어나기 전에 아버지는 만주 봉천, 지금의 심양에서 공부를 하셨는데 그때 소중하게 아끼시며 쓰시던 만년필을 내가 학교에 들어가던 날 나에게 주셨고 어느 날에는 먼 도회지를 여행하고 오셔서 그 당시에는 처음 보는 나일론 허리띠를 사다주셨다. 나는 우리 반에서 유일하게 만년필을 가지고 다니는 아이, 그리고 나일론 허리띠를 맨 아이로 친구들로부터 부드러움을 샀었다.

그러나 그렇게 인자하시고 자상하신 아버지, 그리고 우상과도 같았던 아버지도 한 번 떠난 먼 길에서는 다시 돌아올 수 없는 인간이라는 유한한 존재라는 것을 그 후로도 많은 세월이 흐른 다음에야 나는 깨닫게 되었다.

 성서에 보면 믿음의 자손이라 일컫는 야곱이 고향을 떠나 유리하는 생활 끝에 노년에 사랑하는 아들 요셉의 집에 짐을 풀고서 "나그네길의 험악한 세월을 보냈다."고 회고한 바 있듯이 험난한 세상에서 숱한 좌절과 실패를 거듭하고 30이 다되어서 지금의 아내와 결혼을 하게 되었다.
 나는 아들을 낳으면 나의 아버지와 같이 이 세상에서 가장 좋은 아버지, 가장 자상한 아버지가 되겠노라고 마음속으로 다짐을 하였다. 그러나 그러한 나의 욕심이 지나친 것인지 결혼한 이듬해에 첫딸을 낳은 후 우리 부부는 다음 아이를 갖지 못하여 많은 어려움과 갈등을 겪게 되었다.

 나는 목욕탕에 가는 것을 즐겨하지 않았다. 갔다 오면 늘 가슴이 저리기 때문이었다. 아들을 데리고 와서 정성스럽게 씻겨주는 아버지, 고사리 같은 조그만 손으로 아버지 등을 닦아주는 부자의 정겨운 모습을 볼 때마다 차라리 나는 눈을 감아 버리고 싶었을 뿐이었다.
 몇 해 전에는 함께 살 수 없는 아버지와 아들의 사랑을 그린 에릭 시갈의 원작 〈7일간의 사랑〉이라는 영화를 본 일이 있다. 그 영화를 보면서 나는 저것이야말로 속일 수 없는 부자간의 정이구나 하는 생각에 가슴 깊은 곳에서 흐르는 눈물을 참을 수가 없었다.

그러나 세상사 우주 만물을 주관하시는 섭리자께서는 갈급한 자의 처절한 소원을 들으시고 우리 부부에게 사람으로서는 상상할 수도 없는 큰 복을 내려주신 것이다. 100세의 아브라함에게 아들 이삭을 주신 것 같이 첫딸을 낳은 지 13년 만에 40이 넘은 나에게 아들 주훈이를 주셨으니 말이다.

주훈이가 학교에 들어가기 전 어느 날, 녀석을 데리고 모래내시장엘 가게 되었다. 어린아이의 눈에는 모든 것이 신기하고 다 갖고 싶은가 보다. 완구점 앞을 지나려는데 녀석은 내 손을 꼭 잡고 발길을 옮기려 하지 않았다. "아빠! 저기 파워레인저 로봇 하나 사주세요." 하고 조른다. "주훈아! 너는 집에 가면 로봇이 많이 있잖아. 우리 저기 가서 크고 맛있는 빵이나 먹자."

싫다는 아이를 데리고 시장 안에 있는 빵집에서 40여 년 전 그 옛날 아버지와의 잃어 버린 시간을 회상하며 아들과 함께 마주 앉아 크고 맛있는 찐빵을 먹었다. 돌아오는 길에 갖고 싶다는 로봇을 사주었더니 녀석은 신이 나서 깡충깡충 뛴다.

흐르는 물과 같은 것이 세월이라고 하였던가. 내가 나이가 들어가는 것과 같이 아들녀석도 벌써 열 살이 되었고 초등학교 4학년이다.

아침마다 둘이서 손을 잡고 학교에 가는 것이 우리 부자의 즐거운 하루의 시작이다. 어떤 날은 옛날 이야기, 어떤 날은 성경 이야기, 그것도 바닥이 나면 고사성어까지 20여 분 안팎의 짧은 등굣길이지만 나는 하루도 거르지 않고 이야기를 들려준다.

등굣길의 대화는 부자간에 정을 쌓고 주훈이에게 어린 시절의 아버지에 대한 아름다운 기억을 만들어 주기 위한 것이다. 주훈이 학교에서도 선생님과 아이들 사이에 유별난 우리 부자의 정겨운 등굣길이 언제나 화제가 된다고 한다.

지난 5월 초 어버이날을 며칠 앞두고 낯익은 글씨의 편지 한 통이 직장으로 왔다.

아빠! 저를 교문까지 바래다 주시고 혼자서 차를 기다리시는 뒷모습을 보면 아빠가 너무 외로워 보여서 저는 눈물이 핑 돈답니다.

아빠는 집에서 바로 차를 타시고 가실 수 있는데 저 때문에 학교까지 걸어오시고······.

제가 차가 올 때까지 말동무라도 되어 드리고 싶을 때가 많아요.

아빠! 저도 이 다음에 어른이 되면 아빠처럼 아들의 손을 잡고 학교까지 꼭 같이 가고 싶어요.

차를 기다리는 이 늙은 아비의 뒷모습이 쓸쓸해 보여서 눈물이 난다는 주훈이…… 어린아이답지 않게 속 깊은 녀석의 마음에 나는 오래도록 눈시울이 뜨거웠다.

평소 별로 말이 없는 주훈이가 그토록 깨끗하고 아름다운 마음을 가지고 있었다니 믿음이 가고 마음이 든든했다. 아들의 편지는 이 세상에서 내가 받은 선물 중에서 가장 값지고 소중한 선물로 오래오래 기억될 것이다.

02
낮은 곳을 살필 줄 아는 지혜로운 삶

　우리 속담에 종로에서 뺨맞고 한강에서 눈 흘긴다는 말이 있다. 물론 욕을 당한 데서는 감히 말 못하고 엉뚱한 데 가서 화풀이한다는 말이다. 공직 사회에도 이런 유형의 사람이 의외로 많다.
　과장한테 핀잔당했다고 계원들 모아놓고 화풀이하는 계장, 구청장한테 질책받고 온 과장이 계장들 불러놓고 싸잡아 호통 치는 사람, 이런 사람은 그러한 직책에 있을 자격이 없다. 평소에 업무를 철저하게 파악해서 실무자보다 내용을 더욱 정확하게 알고 있었다면 상사로부터 꾸지람을 듣지 않았을 것임에도 일은 담당자에게 맡겨놓고 자신은 대충 결재나 하다가 문제가 생기면 책임을 부하에게 떠넘기려는 사람은 공직자로서 자질을 의심하지 않을 수 없다.

일정분야의 업무를 총괄하거나 결재자의 위치에 있는 사람은 그 업무에 대해서 누구보다도 잘 알고 있어야 하며 자신이 결재한 업무에 대해서는 끝까지 책임을 져야 한다. 따라서 업무를 성공적으로 완성했을 경우에는 칭찬을 받을 수 있을 것이며 반대로 실패한 때에는 문책당하는 것이 당연한 이치다.

자신이 그러한 위치에 있기 때문에 칭찬도 받고 책임도 지는 것일진대 상사로부터 꾸중을 들었다 하여 부하직원들에게 분풀이하는 태도는 공직자이기 이전에 기본적으로 인격에 문제가 있는 것이다.

1980년대 모 구청 총무과장은 그의 유별난 업무스타일 때문에 서울시에서도 괴팍하기로 소문난 사람이었다. 직원들의 사소한 실수도 그냥 넘어가는 일이 없고 마음에 들지 않으면 결재서류를 열 번, 스무 번도 더 고치는 철저한 완벽주의자다. 총무과 전체직원을 청사의 층별, 복도별로 담당을 지정해 놓고 담배꽁초 하나라도 떨어져 있으면 그 구역 담당자를 불러다가 사무실이 떠나갈 정도로 호통을 친다. 요새 같으면 직원들 괴롭히는 독선주의자라고 당장 인터넷에 수없이 올랐겠지만 그 시대에는 다 그러려니 하고 지냈다.

그러나 그 독선이 정도에 지나쳐 어느 날 드디어 총무계장이 총대를 메고 나섰다. "제발 같은 일 하면서 마음 좀 편하게 합시다. 직원들이 뭘 그리 잘못했다고 허구한 날 호통만 치십니까? 우리도 인격자고 집에 가면 다 가장입니다. 직원들을 인격적으로 대해 주십시오."

그날 이후 사무실에서 큰소리가 사라졌다. 누구 말도 듣지 않는 독불장군 같은 상사에게 바른 말 할 수 있는 용기, 그리고 과 전체 직원들의 마음을 후련하게 대변해 주었던 그분이 지금 생각하면 참 멋있었다는 생각이 든다.

윗사람에게는 바른 말 한마디 못하면서 밑에 있는 직원들만 달달 볶는 소인배 공무원, 공(功)은 자신이 차지하고 책임은 부하에게 떠넘기려는 야비한 인격자, 당연히 해야 할 결재하면서 인심 쓰듯 생색내는 사람, 학연과 지연 그것도 모자라 사돈네 팔촌까지 따지는 무능력한 분파주의자 모두가 하루 속히 공직 사회에서 사라져야 할 비문화적 행태다.

치열한 전투에서 수많은 병사들이 목숨 걸고 전과를 올리면 포상은 소수의 지휘관들에게 돌아가고 전체 직원들이 밤낮 없이 노력해서 기관 표창받으면 기관장만 영전한다.

선거 때는 주민 위해 봉사하겠다고 입에 침이 마르도록 떠들던 사람도 당선만 되고 나면 언제 그랬느냐는 듯이 주민은 안중에도 없고 자신이 타고 다닐 관용차부터 바꾸고 호화판으로 집무실을 꾸민다.

억울하고 소외된 사람들을 위해 봉사한다는 시민단체와 노동운동가들도 기회만 되면 일시에 신분이 상승하는 정치권으로 진입하기 위해 위만 바라보는 세태에 공직자라고 해서 무한의 도덕성을 요구할 수는 없다. 그렇다손 치더라도 이 사회의 양심의 최후 보루라고 할 수 있는 공직자만이라도 이제는 높은 곳만 바라보지 말고 한 번쯤은 자신보다 낮은 곳과 좌우도 살펴서 어느 한쪽으로 치우치지 않는 정도를 가야 할 때가 되었다.

아랫사람과 동료들은 쳐다보지도 않고 윗사람 눈치만 살피면서 남보다 먼저 올라가는 사람의 삶이 성공한 것이 아니요, 약자에 대한 배려 없는 강자는 진정한 의미의 강자가 아니다. 자신보다 못한 이웃과 동료를 살펴볼 줄 아는 지혜로운 공직자가 이 시대에 성공한 공직자의 삶이다.

인생의 경주는 먼저 출발했다고 해서 반드시 목적지에 먼저 도착하는 것이 아니라 가는 도중에 예측할 수 없는 변화가 얼마든지 있을 수 있다. 세상의 영원불변의 진리는 이 세상에 영원한 것은 아무것도 없다는 것이다.

03
영혼을 울리는 애절한 노래

　지구상에 우리 민족과 정서가 가장 비슷한 나라를 찾는다면 아마도 아일랜드일 것이다. 유럽 변방에 위치해 있고 이웃 영국으로부터 지배와 합병·독립, 그리고 100만 명의 동족이 희생된 내전을 겪은 비극적 역사도 우리와 비슷하다.

　아일랜드인들은 비옥한 문화적 토양으로 인하여 예술적 감각이 뛰어나 노벨상 수상자를 4명이나 배출하였고 세계적으로 유명한 수많은 문인이 탄생된 저력 있는 나라다. 특히 우리에게도 널리 알려진 아일랜드 민요 〈아! 목동아〉는 아일랜드의 역사와 아일랜드인의 정서를 가장 잘 함축한 노래로써 세계인들이 애창하는 곡이다.

　이 곡이 처음 발표된 것은 지금부터 150년 전인 1855년에 출간된 페

트리(Petrie)곡집에서였고 원제는 〈런던데리의 노래(Londonderry Air)〉였으나 세월이 흐르면서 대니 보이(Danny Boy)로 부르게 되었다.

시골 목동이 도시로 떠난 사랑하는 소녀를 그리며 불렀다는 설도 있지만 그보다는 전쟁터에 나간 아들을 그리워하는 아버지의 애틋한 마음을 노래한 것이라는 것이 정설이다. 언제 끝날지 모르는 내전으로 아들이 전사해서 돌아오면 이미 세상을 떠난 아버지 무덤 곁에 함께 묻어 하늘나라에서나마 못 다한 부자의 정을 나누자는 애달픈 가사가 그것을 말해 준다.

오! 사랑하는 아들 대니야, 고적대 소리가 너를 부르는구나.
골짜기도 산기슭 아래도, 여름은 갔고 장미도 다 시드는데, 너는 가고 나는 남는구나……
저 초원에 여름이 오면 네가 돌아와 줄까, 계곡이 숨을 죽이고 눈으로 덮이면 돌아올까, 햇빛이 비추어도 그늘이 드리워도, 나는 여기 오래 있으련다, 사랑하는 대니야……

몇 해 전 전남 보성군 벌교읍에는 애절한 사연이 담긴 '부용산 노래비'가 세워졌다. 〈부용산〉이라는 노래는 1940년대 한 지방의 여학교 교사였던 박기동이라는 사람이 스물넷의 아까운 나이에 폐결핵으로 죽은 누이를 부용산에 묻고 돌아와 애통한 심정으로 죽은 누이를 그리워하는 시를 썼고 동료교사이자 죽은 누이의 스승인 〈엄마야 누나야〉의 작곡자 안성현이 곡을 붙였으며 노래는 작곡자가 재직하던 학교의 여학생이 불렀다고 한다.

이 노래는 해방과 전쟁의 당시 상황과 어우러져 당대의 최대 히트곡이 되었지만 작곡자가 월북하면서 노래는 지하에 묻히고 사람들은 소리내어 부르지도 못하고 가슴으로만 불렀던, 아름다운 가사와 애절한 곡의 노래다.

> 부용산 오리 길에 잔디만 푸르러 푸르러, 솔밭 사이 사이로 회오리바람 타고 간다는 말 한마디 없이, 너만 가고 말았구나, 피어나지 못한 채 병든 장미는 시들어지고, 부용산 오리 길에 하늘만 푸르러 푸르러.

세월은 흐르고 시대도 변하여 남북관계도 많은 부문에서 개선된 지금 부용산의 숨겨진 사연이 지식인들 사이에 전해지면서 이 노래는 50여 년 만에 다시 빛을 보게 되었다.

1997년 이동원과 안치환에 의해 처음으로 공개된 무대에서 불려졌고 2000년에는 포스코와 포항공대 축제에서 소개되었다. 그 후 목포에서 열린 소프라노 송광선의 초청음악회에서도 불렸다. 특히 이때에는 오스트레일리아에 살고 있는 작사자 박기동이 가사 2절을 보내왔는데 역시 2절에도 1절의 애상과 슬픔이 그대로 담겨져 있다고 한다. 작사자는 60여 년이 흐른 지금에도 먼저 떠난 누이를 그리워하고 있는 것 같다.

'먼 고향 초동친구 두고 온 하늘가 그리워 마디마디 이끼 되어 맺혔네' 라는 한명희 교수의 〈비목〉은 참혹한 6·25 전쟁으로 이 땅의 수많은 젊은이들의 희생을 가슴에 기리고 애도하는 명곡이다. 해마다 6월이면 누구라도 한 번쯤은 불러보고 싶고 언제 들어도 가슴이 뭉클해지는 노래다.

아직 소년티를 벗지 못한 학도병과 고향에 처자를 두고 온 늙은 병사들은 낯선 산야에서 혹은 깊은 계곡에서 이름 없이 산화했다. 포성과 초연이 앞을 가리는 전쟁터에서는 전우가 눈앞에서 쓰러져도 수습할 수가 없다. 그곳에 나뭇가지를 꽂아놓거나 총대를 세워놓고 죽은 전우의 철모를 덮어 표시해 놓은 채 슬퍼할 틈도 없이 적진을 향해 진격해 나갈 뿐이다.

6·25 당시 아군이 가장 많은 인명 손실을 입은 강원도 화천군 일대에서는 매년 현충일에 '비목문화제'를 연다. '비목마을사람들' 이라는 단체가 주축이 되어 시낭송과 영령을 위로하는 종교행사도 개최하고 있어 참으로 다행한 일이 아닐 수 없다.

시인 이은상은 자신이 나고 자란 마산 앞바다를 생각하며 〈가고파〉

라는 시를 썼다. 파랗고 잔잔한 바닷물과 그 위를 나는 물새, 함께 뛰 놀던 어릴 적 동무를 그리워하며 간절한 마음으로 고향에 대한 그리 움을 썼다.

원래 10절로 된 시였지만 가곡에서는 4절까지만 부른다. 2절에서는 '어릴 제 같이 놀던 그 동무들 그리워 오늘은 다 무얼 하는고 보고파라 보고파'라고 소년 시절을 회상하지만 마지막 10절에는 '거기 아침은 오고 거기 석양은 져도 찬 얼음 센 바람은 들지 못하는 그 나라로 돌아가 알몸으로 살거나 깨끗이도 깨끗이'라고 하여 늙고 병든 우리 인생의 마지막 피할 수 없는 죽음과 영원한 하늘나라를 노래하고 있다.

가슴을 적시는 한 소절의 노래, 심금을 울리는 한 줄의 시는 때묻고 추한 우리의 영혼을 맑게 해 준다.

04
바람직한 신앙인의 자세

　미국의 군총사령관과 국방장관 그리고 부통령을 거쳐 마침내 대통령직을 훌륭하게 마치고 공직을 은퇴한 존 애덤스는 자신의 지난날을 회상하면서 "나는 일생을 공직에 바쳤다. 어떤 자리에 있을 때에나 무엇을 판단하고 결정할 때 하나님 앞에 부끄럽지 않도록 오직 정직에 최선을 다했다."라고 고백했다고 한다.
　그의 말처럼 그는 장기간 군과 정부의 요직을 두루 거치면서도 깨끗하게 사신 분이다. 특히 그분은 백악관을 건축하고 처음 입주한 대통령으로서 당시 고향에 있던 부인에게 "앞으로 이 집에 사는 모든 사람들이 한 사람도 예외 없이 정직하고 슬기롭도록 하나님께서 축복해 주시기를 기도한다."라는 기도문을 써 보냈는데 그 후 루즈벨트 대통령이 이 기도문을 백악관 식당에 새겨놓아 지금까지도 역대 대통령들이 식사 때마다 이 기도문을 읽는다는 아름다운 이야기가 있다.

나의 청년 시절에 많은 가르침을 준 전제현 선생님은 평안북도 정주의 오산학교 사범과를 졸업하고 교직에 있다가 1948년 가족을 북에 두고 월남한 분이다.

월남하신 후에도 후진을 양성하다가 민족의 비극인 6 · 25 전쟁 때 군에 자원 입대하여 오직 깨끗한 신앙심으로 새벽기도 하는 장군, 선생님 장군이라는 평을 받으며 33년의 군 생활을 마치신 분이다. 그분은 군에 있을 때에도 "나는 예편하면 산간벽지에 학교를 세우고 교사 겸 사환 겸 교장으로 일했으면 좋겠다." 고 했는데 정말로 예편 후에 오산고등학교 교장선생님으로 계시다가 정년 퇴임을 하셨다.

교장선생님으로 재직하면서 한 번은 학생들에게 머리를 짧고 단정하게 깎으라는 명령을 내렸는데 여러 학생들이 집단적으로 반발하여 학생으로서는 상식을 뛰어넘는 잘못을 저질렀다고 한다. 이때 선생님은 일벌백계로 엄한 조처를 하여야 한다는 여러 선생님들의 주장을 뿌리치고 평소의 철학인 "나그네의 두꺼운 외투를 벗기는 것은 강풍이 아니라 따뜻한 햇볕이다." 는 생각으로 그 학생들과 보호자를 한 자리에 모이도록 하고 그 자리에서 선생님은 눈물을 흘리며 제자들의 장래를 걱정하는 뜨거운 기도를 하자 문제의 학생들이 참회의 눈물을 흘리고 급기야 부모들까지 온통 눈물바다가 되었다고 한다.

그 후 학생들은 모두 모범생이 되었고 선생님은 훗날 "내가 만약 신앙인이 아니었더라면 그때 어떤 결정을 내렸으며, 그 학생들의 장래가 어떻게 되었을까."라고 회상한 글을 읽고 가슴이 뭉클함을 느꼈다.

목사이면서 연세대학교 총장을 역임하고 감리교 감독까지 지내신 박대선 목사님은 제자들이나 아는 분들이 자신을 부를 때에 어떤 이는 선생님, 혹은 교수님, 또는 총장님, 감독님, 목사님 등 많은 호칭이 있으나 그분은 목사님으로 불러주는 것이 가장 기분이 좋고 또한 영원히 목사님으로 불리기를 원하신다는 감동적인 이야기를 들은 일이 있다. 이 말씀은 결국 세상의 어떠한 지위보다도 참된 신앙인으로 기억되기를 바라는 뜻일 것이다. 우리가 직무를 수행할 때에 먼저 하나님 앞에 부끄럽지 않아야 사람 앞에 부끄럽지 않을 것이요, 그래야만 자신에게도 부끄럽지 않을 것이다.

신앙은 나약한 우리 인간에게 삶의 지혜를 주고 자칫 교만하기 쉬운 어리석음에서 자신의 부족함을 깨우치게 한다. 공직자와 신앙! 나는 그것을 정직과 겸손이라고 생각한다. 모든 일에 사심 없는 청결한 마음으로 항상 자신을 낮추며 상대방을 존중하는 겸손함이 신앙의 표현일 것이다.

　우리가 무엇을 행함으로 영혼이 구원될 수는 없지만 성서에 "행함이 없는 믿음은 헛것이다."라고 한 것처럼 아무리 열심히 기도하고 믿음이 깊다고 할지라도 교회에서의 기도와 직장에서의 생활이 다르다고 한다면 그 사람은 진실된 신앙인이 아닐 것이다.

　국민을 속인다든지 하찮은 일에 지위를 내세워 상대방을 업신여기는 교만한 마음은 우리 신앙을 가진 공직자가 결단코 경계하여야 할 일이다. 공직은 영리를 추구하는 이익집단이 아니다. 공평과 정의를 실현하기 위하여 국민으로부터 공무를 위임받은 것이다.

　따라서 다른 직업인보다 상대적으로 높은 윤리와 정직이 요구된다. 그러기 때문에 공직자가 사소한 과오를 범할 때에도 사회적으로 더 많은 비난과 지탄을 면키 어려운 것이다. 신앙을 가진 공직자가 먼저 이 세상의 빛과 소금의 역할을 다하여야 할 것이다.

05 파월 미 국무장관이 우리에게 주는 교훈

　미국 역사상 흑인으로서는 최초로 합참의장과 국무장관직을 성공적으로 마치고 퇴임한 콜린 파월(Colin L, Powell)은 여러 가지 의미에서 우리나라 공직자들에게 많은 교훈을 주고 있다.
　1937년 자메이카 출신 이민자의 아들로 뉴욕의 빈민가에서 태어난 그는 아버지는 선박회사 하급 직원이었고 어머니는 재봉사로 넉넉하지 못한 가정에서 성장하였다. 그러나 독실한 기독교인인 부모로부터 어려서부터 바른 신앙을 본받게 되고 특히 그의 부모는 소년 파월에게 "인생은 값진 것이니 헛되이 보내지 마라, 맡겨진 일에 최선을 다해라."라는 귀중한 가르침을 주었다고 한다.
　1958년 뉴욕시립대 학군단(ROTC) 장교로 소위에 임관된 그는

1962년 베트남전에 참전하고 1973년 주한 미군으로 파견되어 우리나라에서 대대장으로 근무했다. 당시 주한 미군들 사이에서는 마약 사용자가 늘고 특히 병사들 간에 흑인과 백인의 갈등으로 폭력이 자주 일어나는 매우 어려운 시기였다. 파월은 말썽을 일으키는 병사들에게 엄격한 규율을 적용하는 한편, 지휘관으로서 자애로운 관용을 베풀어 파월이 속한 부대에서는 한 건의 사고도 발생하지 않았다고 한다.

1989년 합참의장에 임명된 그는 레이건과 부시(41대), 클린턴 등 3명의 대통령을 성실하게 보좌했고, 1991년 걸프전을 성공적으로 수행하면서 미 국민들로부터 차기 대통령감이라는 찬사와 함께 최고의 인기를 누리다가 1993년 현역에서 퇴역하였다.

미국처럼 인종과 출신에 대한 차별이 심한 나라에서 이민자의 2세로, 그리고 유색인종으로 어떻게 군인으로서 최고의 영예인 합참의장과 정부의 핵심 직책인 국무장관까지 오를 수 있을까? 상상을 초월하게 한다. 그러나 콜린 파월에 대해서 조금만 연구해 보면 오히려 그에게는 그러한 직책이 당연하다는 결론을 쉽게 얻을 수 있다.

그는 대단한 카리스마나 남이 없는 특별한 장점을 가지고 있었던 것이 아니라 매사에 성실하고 원칙에 매우 충실했다. 언제나 현장과 밀착해서 행동하고 타성에 젖어 있는 관료주의를 경계했다. 쓸데없는 격식이나 실효성 없는 보고서는 현실과 동떨어진 의사결정을 하게 되고 그것은 결국 시간과 자원의 낭비를 가져올 뿐이라는 것이 그의 철학이다. 세계적으로 문제가 있는 현장에는 언제나 그가 있었던 것도 이러한 맥락이다.

미국이 베트남전에서 실패한 가장 큰 원인은 현실감각 없는 군사전문가들이 탁상에서 세운 전략을 전황이 수시로 변하는 전장(戰場)에 직접 실행했기 때문이라고 그는 분석했다. 역시 지휘관 출신으로 현장을 중시하는 그다운 분석이다.

그는 모든 일에 사람을 우선했다. 업무를 성공적으로 완수하기 위해서는 무엇보다도 일을 하는 사람이 가장 중요하다는 것이 그의 생각이다. 매우 인간적인 판단이며 인간에 대한 깊은 이해와 따뜻한 마음이다.

파월은 13가지의 생활신조를 가지고 있었는데 그 중에는 항상 기뻐하라, 누구에게나 친절하라, 공(功)은 혼자 차지하지 말고 상대방과 나눠라, 사소한 일을 점검하라, 상대방에게 선택을 강요하지 마라 등이다. 지극히 평범한 것 같지만 그 속에서 파월의 인간성을 느끼게 한다.

2005년 1월 19일 국무성 청사에서 콜린 파월 장관의 이임식이 있었다. 4년 동안 정들었던 국무부를 떠나면서 그는 "우리가 추진한 모든 일은 장관인 내가 혼자 부지런하고 잘해서 이루어진 것이 아니라 여러분들의 열정과 충실한 직무의 덕분입니다."라며 공을 직원들에게 돌렸다. 직원들은 파월이 재임기간 내내 자신들을 가족처럼 아끼고 따뜻하게 보살펴 주었다며 눈시울을 붉혀 이임식은 말 그대로 감동의 장이었다고 한다.

우리의 주위에는 고위직에 있으면서도 아랫사람에 대한 각별한 배려와 어려운 직원들을 아무도 몰래 도와주는 훌륭한 공직자들이 많이 있다. 직위를 내세워 일방적으로 따를 것을 강요하거나 권위적인 지시로 업무를 추진하던 시대는 이미 오래 전에 지났다. 이제는 사회의 모든 분야에서 지나친 합리주의와 몰 인간적인 이성(理性)보다는 사람이 중심이 되는 감성(感性)과 인간애(人間愛)가 존중되어야 할 시대가 되었다. 자신이 속한 직장을 위해서라면 가슴을 열고 눈물을 흘릴 수 있는 애사심이 기업의 가장 소중한 경쟁력이라는 것을 우리는 IMF를 겪으면서 체험했다.

출신과 인종의 불리한 조건을 극복하고 세계인으로부터 존경과 사랑받는 지도자가 되기까지 파월은 독실한 신앙적 양심과 인간과 현장 중심의 사고, 그리고 자신에게는 지나칠 정도로 철저했던 미국판 인간승리의 모델이다. 그러나 그보다 더욱 중요한 것은 공직에 인재를 등용하는데 있어 출신이나 피부색보다는 사람의 능력을 중시하는 미국 사회의 성숙된 인식이 우리에게 많은 교훈을 준다.

정권이 바뀔 때마다 정부의 주요 직위를 특정지역 인사가 독차지하고 반대로 지난 정권의 실세들은 줄줄이 법의 심판을 받는 우리의 현실이 참으로 답답하고 안타깝기만 하다. 이제는 우리 가까이 있는 지방자치에서부터 자치단체장이 누가 되든지 일 잘하고 성실한 사람이 인정받는 정의로운 풍토가 이루어지기를 기대해 본다.

06
남의 허물을 가려주는 아름다운 마음

　미국의 제32대 플랭클린 루즈벨트(Franklin Roosevelt) 대통령은 미국 역사상 유일한 4선 대통령으로 1929년 몰아닥친 세계 대공황(大恐慌)을 그 유명한 뉴딜(New Deal)정책으로 극복하고 미국을 세계 최강국으로 올려놓은 불사조와 같은 위인이다.

　그는 39세의 젊은 나이에 소아마비에 걸려 1945년 타계하기까지 무려 25년을 불편한 몸으로 공직을 수행했다. 그러나 루즈벨트가 대통령으로 재임한 13년 동안 미국의 언론은 한 번도 그의 불편한 동작을 직접 방송하거나 보도하지 않았다는 놀라운 사실이다. 대통령의 절룩거리는 걸음걸이를 세계만방에 보도하는 것은 자국에 아무런 도움도 되지 않을 뿐 아니라 뜻밖의 장애로 고통받는 한 개인이자 공인인 대통령을 보호하는 것도 언론의 책임이라는 판단이라고 한다. 역시 성숙한 국가요, 본받을 만한 언론의 태도다.

우리는 어떠한가? 국민의 합의로 뽑은 대통령을 어느 정치인은 대통령으로 인정하고 싶지 않다고 하는가 하면, 대통령의 초청으로 청와대에 간 어떤 사람은 대통령의 면전에서 청와대 주인이 잘못 바뀐 것 같다고 하고, 대통령이 뒷골목 언어를 쓴다느니, 심지어 외모를 빗대어 뭣처럼 생겼다느니 하며 대통령을 예사로 비하한다. 인터넷 사이트에 접속해 보면 차마 입에 담을 수 없는 욕설 수준의 대통령에 대한 비방의 글을 쉽게 볼 수 있다.

과거 권위주의 정권의 제왕적(帝王的) 대통령의 폐해를 청산하고 대통령이 군림하거나 억압하는 자리가 아니라 국민을 위해 헌신하고 봉사하는 자리라는 것을 직접 실천하려는 대통령의 의지를 이런 식으로 비난하는 것은 국민 된 도리가 아니다. 우리의 대통령이 외국에 이런 모습으로 비춰지는 것이 과연 국익에 무슨 도움이 되겠으며 우리 국민은 자존심도 없는지 묻고 싶다.

일부 신문은 대통령이 추진하려는 정책마다, 하는 말마다 트집을 잡는다. 그것이 건전한 비판이나 합리적인 대안을 제시하는 것이 아니라 무조건 반대하고 본질은 외면한 채 일부분을 문제 삼아 마치 큰 일이라도 난 것처럼 확대해서 집중적으로 보도한다. 이러한 신문은 대부분 일제하에서 일왕을 찬양하고 군부독재에 충성하던 신문들이다. 역사와 국민 앞에 진정한 사죄는 없이 고귀한 희생 위에 이룩한 민주화에 무임승차해서 힘들게 운전하는 책임자의 발목을 잡고 있는 형국이다.

 대통령은 거대한 대한민국호의 키를 잡고 거친 파도를 헤치며 항해하는 선장과 같다. 대통령이 건강하게 그리고 자신감을 가지고 세계를 향하여 나갈 수 있도록 국민들은 뜻을 모으고 힘을 모아야 할 것이다. 대통령이 국정을 훌륭하게 수행해야 국가가 발전하게 될 것이며 국가의 발전이 바로 국민의 성장과 발전의 기초가 되는 것은 너무도 자명한 이치다.

 기업에서도 임직원들이 사주(社主)를 끊임없이 헐뜯고 회사에 대해서 불평과 불만을 쏟아놓는다면 그 기업은 머지않아 반드시 망하게 된다. 기업이 문을 닫으면 사주를 욕하고 회사에 불만이 가득하던 종업원들은 어찌 되겠는가? 두 말할 나위 없이 그들은 실직자가 되고 만다. 새로운 경제대국으로 부상하고 있는 중국의 근로자들은 기업과 국가에 도움이 되지 않는 노동운동은 근로자 스스로가 자제한다고 한다. 우리의 노동운동과 한 번쯤 비교해 볼 만하다.

신문지상에 간혹 성직자와 관련된 사회문제가 등장한다. 물론 성직자도 인간이기 때문에 사회생활에서 인간적인 문제가 없을 수 없다. 그러나 천주교 성직자와 관련해서는 거의 보도가 되지 않는다. 천주교인들은 기본적으로 성직자를 철저히 보호하고 만에 하나 문제가 생기더라도 그 허물을 덮어주고 감싸준다고 한다. 기독교인들이 본받아야 할 참으로 소중한 덕목이다.

공직 사회도 마찬가지다. 자기가 소속된 조직과 맡겨진 업무에 대해서 불만이 가득한 사람이 의외로 많다. 조금만 힘들어도 못해먹겠다, 빨리 사표 내야지 한다. 그러나 그런 사람 중에 빨리 사표 내는 사람 없고 오히려 정년 다 채우고 나간다. 반면에 누가 상사로 오든지, 무슨 일이 맡겨지든지 매우 긍정적이며 즐거운 마음으로 일하는 사람이 있다. 역시 이런 공직자가 자신이 속한 조직에 대한 애정도 깊고 자부심도 높다. 조직을 무조건 감싸고 문제를 숨기려는 기관폐쇄주의가 좋다는 것이 아니라 구성원으로서 조직을 보호하려는 최소한의 기본적인 자세는 필요하다는 것이다.

국가의 명운을 책임진 대통령을 위해서, 수많은 종업원과 그 가족을 책임지고 있는 기업의 대표를 위해서, 교회를 책임지고 뭇 영혼을 구원하는 목회자를 위해서, 그리고 청소년들의 올바른 교육을 위해 고민하는 교육자를 위해서, 가족생계의 무거운 짐을 진 가장을 위해서 우리는 끊임없이 기도하고 협력해야 할 것이다. 그들의 허물을 덮어주고 부족한 면은 채워주며 힘이 되도록 마음을 모으는 사람들이 많아질 때 우리 사회는 더욱 성숙해지고 문화와 문명국가, 그리고 선진국으로 거듭나게 될 것이다.

07
가을을 생각하며

지난여름 그 따갑던 햇살에도 더위 먹지 않고 을축년 물난리 이래 70여 년 만에 처음으로 쏟아 부었다는 기록적인 비에도 의연하게 버텼던 앞마당의 나뭇잎과 꽃잎이 어느새 시름시름 갈색으로 변하고 시들어간다. 그러다가 마침내 찬바람 부는 겨울이 오면 가지만 남기고 떨어져 어디론가 굴러가 버리겠지…… 그러나 아쉬워 말라. 너는 갈지라도 지난봄 너를 싹 틔워 한여름 뙤약볕 속에서도 그렇게 네 젊음을 뽐내게 해 주었던 너의 모체는 추운 겨울이 지나고 다시 봄이 오면 또 다른 네 아우들을 잉태하고 해산하리라!

잎이여! 꽃이여!

너는 지난여름 출중히도 아름다웠다. 어느 조각가인들 너를 그렇게 아름답게 만들 수 있겠느냐? 한곳 기울임 없이 원을 그리고 그 속의 꽃잎 하나 하나가 어쩌면 그렇게도 조화롭고 아름답더냐? 색깔은 또 얼마나 고운가. 이 세상 어떤 물감으로도 너처럼 아름답게 단장하지 못할 것이다. 솔로몬이 절대적으로 누렸다던 그 영광도 너의 아름다움에는 미치지 못하였으리라. 그러나 안타까운 일이다. 꽃의 아름다움, 잎의 푸르름이 어찌 그다지도 짧다는 말인가? 옛 선인은 '네 꽃 진다 서러워 말아라. 내년 춘삼월 봄이 오면 다시 피리라' 고 했는데 우리 인생은 너를 한없이 기다릴 수가 없구나.

생명 있는 만 가지 것들이 소생하는 봄은 인생의 소년기다. 풀과 나무에 새잎이 돋고 땅속에 있던 미물들도 긴 잠에서 깨어나는 것은 어찌 보면 우리가 어머니의 뱃속에서 새로운 생명으로 탄생하는 것과 같은 것이다. 꽃피고, 열매 영글고, 푸르름을 자랑하는 여름은 사람이 성장하여 가정을 이루고 직장을 갖고 자기를 실현하는 인생의 장년기일 것이다. 이때가 가장 화려하고 인생의 정상에 서 있는 시기라고 하겠지. 이파리 하나 하나 붉게 물들고 끝내 떨어져 버리는 깊은 가을은 사람으로 치면 쓸쓸한 노년기가 아닐까? 그리고 대지를 온통 얼어붙게 하고 눈으로 덮어 버리는 겨울은 우리 인생의 죽음을 의미하는 것이겠지.

엊그제까지만 해도 자신만만한 30대였고 조금만 더 멀리 되돌아보면 어깨에 책보 메고 뛰어다니던 어린 시절이 새로워지는데 무심한 세월이 쏜살같이 내 곁을 지나쳐 벌써 60이 내일 모레니 어찌 인생의 허무를 탓하지 않겠는가? 깨 벗고 멱 감고 굴렁쇠 굴리던 벌거숭이 동무들 지금은 다 어디로 갔는지 소식도 없고, 그 고우시던 여선생님은 할머니가 되셨다.

어느 가을날 교실에서 쓰러진 우리 누님을 등에 업고 코스모스 수줍게 핀 신작로 십리 길을 단숨에 달려오셨던 꿈에도 잊지 못할 선생님은 이미 오래 전에 고인이 되셨으니 내가 나이 들어가는 것은 어쩔 수 없는 일인가?

그때 시골학교 가을운동회는 고을의 잔칫날이다. 운동장에 내걸린 만국기 그리고 확성기를 타고 흘러나오는 노랫소리는 어린 마음을 들뜨게 하고도 남는다. 눈부시도록 하얀 햅쌀밥을 대나무 도시락에 담고 막 딴 옥수수 삶아 보자기에 싸가지고 와서 온 식구가 옹기종기 모여 앉아 점심 먹던 일이 지금도 눈에 선하다. 돌아오는 들길에는 벼이삭이 고개를 숙이고 새 쫓는 허수아비 혼자 쓸쓸히도 서 있었다.

계절은 어김없이 갔다가 다시 돌아온다. 그러나 인생은 유한하고 가 버린 인생의 계절은 다시 돌아올 수 없으니 사람이 초목만도 못한 것일까? 내 인생의 나무도 이제 가을을 맞았다. 머리숱이 몰라보게 적어지고 전에는 없던 시커먼 반점도 얼굴 곳곳에 생긴다. 이것이 말로만 듣던 검버섯인가? 목둘레 살결도 예전같이 매끄럽지 못하다. 깊게 파인 이마의 주름살은 인생의 훈장인가 부질없는 나이테인가?

가 버린 것은 소중하고 값진 것은 다시 돌아오지 않는다. 그 소박한 이치를 조금이라도 일찍 깨달았더라면 그때 조금 더 사랑하고 조금 더 베풀고 좀더 참았을 것을…….

여름과 겨울은 길고 봄, 가을은 순식간에 가 버린다고 한다. 이제 짧은 내 인생의 가을에 서서 나는 어떻게 할 것인가? 북풍한설 몰아치는 어둠과 추위와 영면의 겨울이 오기 전에 아직 떨어져 버리지 않고 남아 있는 이파리 한 잎 한 잎 만지면서 사랑하고 가슴에 담아야지. 남기고 떠나는 사랑하는 가족들이 이 세상 아름답게 살아갈 수 있도록 기도하고 비록 늦었지만 걸어온 길 자국마다 남긴 흔적 욕되지 않도록 갓을 고쳐 쓰고 옷깃을 여며야겠다.

가을은 우리 인생에서 많은 것을 생각하게 한다. 허무하게 보내 버린 속절없는 생에 대한 안타까움, 사랑하는 모든 일들과 이별해야 하는 고통, 경험하지 못한 미지에 대한 두려움, 그러나 이 길은 피할 수 없는 인생행로요 떨어져 사라져 버리는 나뭇잎과 꽃잎과 같은 길인 것을…….

08
진달래 필 때면

지금도 눈을 감으면 철없던 어린 시절 한 동네에서 자랐던 소녀가 떠오른다. 내가 자란 그곳은 봄이 오면 연분홍 진달래가 온 산을 뒤덮는 아름다운 곳이다. 먼 산에는 아직 잔설이 하얗게 남아 있건만 무엇이 그리도 급했길래 진달래는 그토록 흐드러지게 피는 것일까……

보릿고개, 절량농가 지금은 낯설은 옛날 말이 되고 말았지만 모두가 어렵고 살기 힘들었던 그 시대에 타고난 천성이 고운 부모를 닮아서인지 소녀는 나이답지 않게 생각이 깊고 여린 마음을 가지고 있었다. 유난히도 크고 검은 눈동자, 촌아이답지 않게 뽀얀 얼굴은 지금도 눈에 선하다.

나는 그때 채 열 살도 되기 전에 아버지를 잃은 상처 입은 아이였다. 어린 마음에 입은 그 상처를 어찌 말로 다할 수 있을까? 오랜 세월이 지나도록 그 상처는 내 가슴에 설움으로 자리 잡게 되었고 지금까지도 채워지지 못한 빈자리로 남아 있다.

소녀는 나보다 나이가 한참 아래였음에도 어른스럽게 "오빠네 아버지는 남에게 좋은 일만 했으니까 꼭 하늘나라에 가셨을 거야."라며 나를 위로해 주곤 했는데 정작 그 말을 하면서 소녀 자신은 그 큰 눈에 눈물이 글썽이는 것이다.

어느 봄날 소녀와 나는 학교가 파하기 무섭게 책가방을 메고 진달래를 꺾으려 산에 갔었다. 무서운 줄도 모르고 깊은 골짜기까지 갔었는데 그때 처음으로 소녀의 손목을 잡아 보았다. 사방이 어두워져서야 진달래를 한아름 안고 돌아왔고 그날 밤 소녀는 부모로부터 심한 꾸중을 듣고 집에서 쫓겨나게 되었다. 꺾었던 진달래를 가슴에 안은 채 남의 집 처마 밑에서 밤을 새워야 했던 소녀! 나도 그날 밤 죄책감에 한숨도 못 자고 꼬박 뜬눈으로 밤을 새웠다.

지금 생각하면 마치 꿈꾸는 것 같이 그때가 그리워진다. 우리 동네에서 같은 학교에 다니는 아이들이 여럿이 있었음에도 소녀는 왜 그랬는지 공부가 끝나면 운동장 한구석에 우두커니 앉아서 나를 기다리다 신작로를 함께 걸어온다. 무척 배도 고프고 지루했을 터인데 왜 빨리 집에 가지 않고 못난 나를 기다리고 있었을까? 그러다가 동네 어귀에 와서 헤어질 때는 어린 마음에도 어찌 그렇게 허전했는지 지금도 내 마음을 알 수가 없다.

언젠가 나는 갑자기 무릎이 펴지지 않는 무서운 병을 앓은 적이 있다. 일어서지도 걷지도 못하니 당연히 학교에도 석 달씩이나 못 갔다. 동네에서는 모두들 내가 불구가 될 것이라고 믿었다. 그러나 그때에도 나에게 용기와 희망을 준 유일한 사람은 다름 아닌 그 소녀였다. 용케도 우리 어머니가 집에 없는 시간을 정확히 알아내서 매일같이 내게 와서 우리 반의 그날그날 학습 진도를 알려주고 갔다.

훗날 들은 이야기지만 소녀는 창피를 무릅쓰고 상급생인 우리 반 아이들한테 그날그날 배운 것을 물어보았다는 것이다. 그 소녀가 없었다면 지금 내가 성한 다리로 이렇게 걸어 다닐 수 있을까…….

그 후 우리 가족은 먼 곳으로 이사를 가게 되었다. 그곳을 떠나오던 날 온 동네 사람들과 아쉬움으로 작별인사를 나눴건만 유독 그 소녀는 보이지 않았다. 수줍어서 문밖에도 나오지 못하고 부모님 몰래 방 안에서 며칠을 울었다는 소녀! 이것은 분명 어른들이 말하는 이성간의 사랑은 아니었을 테고 그렇다고 그와 내가 그렇게 조숙한 것도 아니었는데 우리가 유달리 영악했단 말인가?

그 후로부터 소녀의 소식은 알 길이 없었다. 들리는 풍문에는 그도 온 가족이 서울로 이사를 하였다는데 운명은 우리에게 한 번도 만날 수 있는 기회를 주지 않았다. 차라리 영원히 만나지 못하고 죽을 때까지 간직할 수 있다면…….

험한 세상은 순수했던 내 마음에도 수많은 아픔을 주었고 부질없는 세월 또한 지천명의 나이가 되게 하였으니 참으로 인생은 허무한 것일까? 힘들고 어려웠던 그 추억도 이제는 애틋한 그리움으로 남고 잊지 못할 소녀의 모습은 언제나 그 옛날 그 모습으로 내 가슴에 남아 있다. 먼 산에 연분홍 진달래 곱게 피면 그 소녀가 더욱 그리워진다.

09 유럽을 울린 못 다한 사랑

제2차 세계대전이 한창이던 1941년, 20세의 청년 이탈리아군 소위 (少尉) 루이지는 그리스 서북부의 아름다운 도시 파트라이에 파견된다. 행군을 하던 루이지는 집 앞에 앉아 있던 안겔리키에게 길을 묻는다. 안겔리키는 크고 검은 눈에 고운 마음씨를 가진 아름다운 처녀였고 루이지는 의젓하면서도 정이 많은 청년이었다. 청년은 안겔리키가 오랜 전쟁으로 하루하루 사는 것에 지쳐 있는 것을 알고 가지고 있던 비상식량을 모두 그에게 주면서 그를 위로하여 준다. 인근 병영에 주둔하게 된 루이지는 하루가 멀다 하고 안겔리키의 집을 찾게 되면서 서로 깊은 사랑에 빠지게 된다.

그러나 그러한 행복한 날도 1943년 이탈리아군이 항복하면서 끝이

나고 루이지는 고국으로 급거 귀국하게 된다. 떠나면서 루이지는 안겔리키를 찾아가 마지막으로 아쉬운 키스를 요청하지만 그러나 그녀는 적군 장교와 사귀는 것이 두렵고 누가 볼까봐 끝내 거절한다. 대신에 전쟁이 끝나면 결혼해 달라는 루이지의 청혼에 안겔리키는 조용히 고개를 끄덕인다. 전쟁이 끝난 후 고향에 돌아온 루이지는 그리스의 안겔리키에게 계속해서 편지를 보냈다.

그러나 당시 고모 집에 얹혀 살고 있던 안겔리키는 조카가 이탈리아 출신 장교와 사귀는 것을 못마땅하게 여기던 고모가 편지를 중간에서 모두 가로채 없애 버려 한 장의 편지도 받아 보지 못한다. 답장 없는 편지를 계속 보내던 루이지는 3년이 지난 어느 날 드디어 그녀를 잊기로 결심하고 고향 처녀와 결혼을 하게 된다.

무심한 세월은 흘러 청년 루이지는 70을 바라보는 노인이 되었고 몇 해 전 그의 부인이 세상을 떠나게 되자 50여 년 전 안겔리키와의 희미한 옛사랑의 그림자가 그의 가슴에 되살아난다.

루이지는 그리스 파트라이 시장에게 안겔리키와의 애절한 사연이 담긴 편지를 보냈고 파트라이 시장은 현지의 신문과 방송사의 도움으로 그녀가 지금까지 그 도시에 살고 있다는 사실을 알아내고 루이지에게 알려준다. 파트라이에 찾아가 안겔리키와 극적으로 상봉한 루이지는 그녀가 50여 년 전의 약속을 여전히 믿으며 평생을 독신으로 살아온 것을 알고 한없이 울었다고 한다.

루이지는 그 자리에서 떨리는 목소리로 또다시 청혼을 하게 되었고 안젤리키는 벅찬 가슴으로 그러나 침착하게 그 옛날처럼 고개를 끄덕였다. 그때 루이지는 70세, 안젤리키는 72세였다.

그러나 그들의 약속은 안젤리키가 갑자기 앓아누운 끝에 훌쩍 하늘나라로 떠나면서 끝내 이루지 못한 꿈이 되고 말았다. 그녀가 세상을 떠난 날은 그들이 결혼식을 올리기로 했던 날이었다. 그녀가 마지막 숨을 거두면서 "나는 사랑의 힘으로 그대를 기다렸어요, 언젠가 반드시 당신이 돌아올 것을 믿고 있었어요."라고 했다고 한다.

사랑이 깊고 아름다울수록 운명은 혹독한 것인가? 전쟁 중에 싹튼 적군과의 가슴 시린 사랑, 지켜질지 알 수 없고 기약도 없는 약속을 평생 동안 가슴에 간직하고 기나긴 기다림 끝에 70이 넘어 운명적으로 재회한 그들, 그러나 다시 만난 지 1년 만에 죽음이 갈라놓은 기구한 사랑에 수억의 유럽인들은 소리 없이 울었다고 한다.

그렇게 쉽게 먼 나라로 떠날 운명이라면 차라리 만나게 하지 말고 두 사람의 사랑을 젊은 날의 아름다운 추억으로 영원히 간직하도록 하는 것이 신이 두 사람에게 베풀 수 있는 최후의 선물이 아니었을까…….

동족간의 비극적인 전쟁을 겪은 우리 민족도 사랑하는 사람을 남북으로 갈라놓은 사연이 수없이 많다. 북에 두고 온 아내를 그리며 일점의 혈육도 없이 평생을 독신으로 살면서 인술(仁術)로 사회에 봉사하다가 홀연히 세상을 떠난 노인은 사랑의 고귀한 가치를 우리에게 가르쳐 주었다. 전쟁 통에 금세 온다며 집을 나간 뒤 50년이 넘도록 돌아오지 않는 남편을 기다리며 혹시 돌아오면 집을 찾지 못할까 걱정되어 평생을 이사 한 번 가지 못하고 쓰러져가는 판자집을 지키다가 끝내 이승의 한을 접고 하늘나라로 간 어느 할머니의 애절한 사연은 안타깝다 못해 숭고하기까지 하다.

안젤리키의 이야기는 너무 쉽게 만나고 너무 쉽게 헤어지는 오늘에 사는 우리에게 많은 것을 깨닫게 한다. 생각만 해도 가슴이 설레고 그를 위해서라면 단 한 번밖에 없는 인생을 바쳐서라도 기다릴 수 있는 사람이 있다면 그것은 이 세상에서 가장 소중하고 값진 사랑일 것이다.

진정한 사랑이란 상대방에 대한 조건 없는 희생과 기다림이다. 언제 올지 알 수 없지만 그래도 반드시 돌아올 것이라는 믿음으로 평생을 기다리는 마음, 기다릴 수 있어서 좋았고 사랑했기 때문에 더욱 행복했다는 어느 시인의 고백은 눈으로 볼 수 없고 어떤 말로도 표현할 수 없는 사랑의 아름다운 빛깔을 우리에게 보여준다.

공무원이 죽어야 나라가 산다

10
유부초밥

　우리 동네 주택가 한가운데 있는 쇼핑센터는 옛날에는 기성복도 팔고 닭도 잡아 팔고 국밥도 말아 팔던, 말 그대로 시골장터와 다름 없었던 곳이다. 그러던 것이 세월의 변화에는 어쩔 수 없는지 지금은 말은 쇼핑센터지만 도심의 백화점 못지않게 없는 것이 없을 정도로 변해 버렸다.

　특별히 이곳 쇼핑센터는 파주와 문산 쪽에서 들어오는 싱싱한 채소가 좋고 스낵코너 음식 맛이 일품이라고 소문이 났다. 스낵코너에서는 튀김과 김밥, 약식, 호떡, 라면 같은 것을 팔고 있는데 그 중에서도 김밥과 약식은 맛깔스럽게 포장해서 진열해 놓고 있어서 보기만 해도 먹음직스럽다.

그러나 내가 입맛을 다시게 되는 것은 단연 유부초밥이다. 누르스름한 얇은 두부에 보일 듯 말 듯 어린아이 주먹처럼 싸여 있는 윤기가 번지르르한 초밥은 생각할수록 군침이 돈다.

내가 예닐곱 살 어렸을 적에 아버지를 따라 읍내 5일장에 가게 되면 그때는 시장에서 파는 그 많은 음식 중에 찐빵이 제일 먹고 싶었는데 속절없는 세월이 나를 50줄에 앉혀놓고 이제 와서는 식성까지도 변했는지 유부초밥이 먹고 싶으니 참으로 인생은 변덕스럽기도 하다.

그때를 생각하며 나는 토요일만 되면 어김없이 초등학교 4학년 짜리 아들 주훈이와 2학년생 막내딸 주희의 두 손을 잡고 이곳 쇼핑센터를 찾는다. 인근에 있는 대학교에서 아이들을 대상으로 체육교실을 열었는데 그곳에 다니는 아들녀석은 매주 토요일 오후 2시부터 축구와 야구, 농구 같은 구기를 배우고 4시경에 끝난다. 이때쯤이면 녀석은 무척 허기가 지는가 보다. 아이들에게 튀김과 떡볶이 1인분씩을 시켜주면 게눈 감추듯 어느 틈에 먹어 버린다.

녀석들 옆의 빈 의자에 앉아 먹는 모습을 바라보면서 나는 무심코 "유부초밥, 그것 참 맛있게 생겼다."라고 했더니 막내딸 주희가 대뜸 하는 소리가 "아빠! 사서 잡수세요. 왜? 돈이 없으세요?" 하는 것이다. 나는 웃으면서 "그래, 지금은 돈이 없으니 다음에 월급 타면 사먹어야겠구나." 하고 말았다.

그런 일이 있은 후 몇 주가 지난 뒤에 내 생일이 돌아왔다. 생일날 아침에 아들 주훈이는 양말 두 켤레를 포장지에 겹겹으로 싸고 그 속에 편지를 써넣었다.

아빠! 제가 가진 돈이 없어서 양말밖에 못 드립니다.
이 다음에 제가 어른이 되면 아빠께 멋있는 만년필을 사드리겠습니다.

막내딸 주희는 제법 묵직하게 포장된 것을 나에게 주었는데 펼쳐보니 뜻밖에도 유부초밥 도시락이었다. 그 속에 서툰 왼손 글씨로 편지를 써넣었다.

아빠! 지난번에 아빠가 돈이 없어서 유부초밥을 못 사먹는다고 해서 저는 마음이 아팠습니다. 적지만 이것 맛있게 잡수셔요. 다음에 용돈 타면 또 사드릴께요.

이제 아홉 살 짜리 어린아이가 무심코 한 내 말 한마디를 그렇게 깊이 새겨들었다니 기특하기만 했다.

모두가 바쁘게 움직이던 지난 연말 어느 날, 그날도 나는 힘든 하루 일을 마치고 언덕빼기에 있는 집으로 돌아왔다. 식탁에 앉자 마자 아내가 조그만 은박지 포장을 펼쳐서 내 앞에 놓았다. 그 속에는 놀랍게도 유부초밥 세 개가 들어 있는 것이다. 사연을 들어 보니 아들녀석이 다니는 학원에서 한 해를 마치면서 선생님이 아이들에게 조촐한 파티를 열어주었는데 주훈이 앞으로 나온 음식 중에 유부초밥 세 개가 있었다고 한다. 주훈이는 선생님께 "우리 아빠가 유부초밥을 좋아하시는데 제가 이걸 안 먹고 아빠께 갖다 드리고 싶습니다."라고 말씀 드리고 그것을 소중하게 싸 가지고 왔다는 것이었다.

나는 아내로부터 그 이야기를 듣는 순간 울컥 눈물이 나왔다. 철없는 어린애들 앞에서 부질없는 말을 하여 애들 마음에 상처를 주지 않았는가 하는 생각에 안타깝고 후회스럽기까지 하였다. 남매를 불러 앉혀놓고 머리를 쓰다듬으며 한참동안 칭찬을 해 주었더니 옆에 있던 아내는 홀쩍홀쩍 눈물을 보인다.

그러나 이렇게 항상 즐겁고 흐뭇한 일만 있는 것은 아니다. 큰아이는 올해에 대학졸업반인데, 열세 살이나 떨어져 낳은 밑의 아이들은 이제 초등학생이다 보니 우리 집에는 사연도 많고 애환도 많다.

남매가 다니는 학교와 내가 나가는 직장이 같은 방향이어서 우리는 매일 아침 손을 잡고 셋이서 함께 출근하고 등교한다. 그런데 녀석들은 왜들 그렇게 티격태격 싸우는지 어떤 때는 웃음이 나오고 어느 때는 속상할 때도 많다. 며칠 전에는 학교에 가는 길에 두 녀석이 사소한 말싸움을 벌이더니 급기야는 책가방을 내려놓고 치고 패고 싸우는 것이다.

"너희들 길거리에서 이렇게 싸우니 나는 창피해서 너희들하고 같이 못 다니겠다. 싸우든지 말든지 너희들 마음대로 해라." 하고 종종걸음으로 와 버렸다. 그제서야 겁이 났는지 녀석들은 책가방을 들고 허겁지겁 뛰어 따라왔다. 지나가던 사람들이 박장대소를 한다. 나는 웃어야 할지 화를 내야 할지 몰랐다.

이렇게 싸우는 녀석들이지만 저희들만 있을 때에는 서로 아껴주고 양보심도 많다고 한다. 밑의 아이는 공부가 끝나면 저희 오빠 반 교실에 가서 창문 틈으로 들여다보고 있다가 함께 집으로 돌아온다.

이제 월급도 탔으니 돌아오는 토요일에는 아내와 아이들과 함께 쇼핑센터 스낵코너에 가서 모처럼만에 큰맘 먹고 유부초밥이나 실컷 먹어 보고 싶다.

11
순이

그의 어머니가 쉰이 다 되어 낳은 순이는 6남매의 막내다. 위로 오빠와 언니가 줄줄이 있어 숨 한 번 크게 쉬지 못하고 주는 대로 먹고 시키는 대로 하면서 자랐다. 어려서부터 착했던 순이는 이름만큼이나 심성이 곱다. 그의 부모는 늦게 얻은 막내딸이 몹시도 사랑스럽고 안쓰러웠을 터인데 내색 한 번 하지 않고 엄하게 키웠다. 모두가 어려웠던 그 시절 오빠와 언니, 조카들에 치어 높은 학교에는 못 갔지만 순이는 올곧은 가정교육을 받으며 자랐다.

그의 품성은 남다르다. 이름이 순이라서 그런지 식성도 순하다. 육류를 좋아하지 않고 된장국과 채소를 즐겨하며 아주 소식한다. 맵거나 짠 음식은 먹지 않는다. 그는 남들과 다투는 일이 없다. 웬만해선 양보한다. 자기가 말을 하기보다 남의 말 듣기를 좋아한다. 셈이나 길눈도 밝지 않다. 야박하게 계산할 줄 모르고 한 번 지나간 길을 눈여겨 두지 않는다. 가 버린 일이나 지나온 길을 곱씹어 마음 상하는 것을 좋아하지 않기 때문이다. 남에게 베풀기를 좋아하는 성격이라서 잔치집에는 못 가도 초상집에는 반드시 간다. 심지가 깊다. 한 번 결심하면 중도에 그만두는 일이 없고 남에게서 들은 말은 옮기는 법이 없다.

세상에는 두 종류의 동물이 있다. 육식을 하는 사나운 맹수류와 풀을 먹는 순한 짐승이다. 언뜻 사나운 동물이 땅을 차지하고 그 수가 번성할 것 같지만 기실 그렇지 않다. 사자나 호랑이는 점차 줄어들지만 소나 양, 토끼와 같이 순한 동물은 그 수효가 줄지 않는다. 사람도 강자가 승리하고 이길 것 같지만 꼭 그런 것만은 아니다. 어진 사람, 순한 사람이 더 복을 받는다.

그런 순이가 커서 결혼하게 되었는데 결혼상대에게 "가난하게는 살 수 있어도 부정한 사람과는 살 수 없어요."라고 했다고 한다. 그런데 그가 결혼하자 마자 정말로 혹독한 가난이 몰아 닥쳤다. 그의 남편은 말단 월급쟁이였고 홀시어머니에 시누이가 둘, 거기다 둘이나 되는 시동생은 중학생과 고등학생이었다. 가난한 살림에 시동생들

도시락 싸고 교복 빨면서 아까운 신혼 다 보냈다.

그런데 하나님도 야속하시지 순이에게 모진 시련이 닥쳤다. 남편이 종갓집 장손이었는데 그는 딸 하나를 낳고 더 이상 아이를 갖지 못했다. 그의 늙은 친정어머니는 막내딸이 안타까워 좋다는 약은 다 구해서 딸에게 먹여 보았지만 어디 그것이 사람의 힘으로 되는 일인가? 못된 남편은 너 때문에 대가 끊긴다며 모질게 구박하고 심지어 폭력까지 휘둘렀다. 그래도 촌부인 시어머니가 달래고 위로해 주어서 하루 하루를 버텼다.

무정한 세월은 흘러 친정어머니마저 세상을 떠나고 혼자 남은 순이는 누구를 원망하지도 못하고 오직 눈물로 신세를 한탄하며 살았다. 구약시대에 기도의 여인이라고 하는 한나가 자식 얻기를 소원하며 성소에서 마치 미친 사람처럼 기도했다는데 순이는 신생아 옷을 가슴에 품고 백일기도로 소원을 빌었다. 절박한 사 울부짖는 사람의 소원을 들어주시는 하나님은 순이의 기도를 들으시고 기적과도 같이 순이에게 아들을 주었다.

첫 아이를 낳은 지 무려 13년 만에 그것도 내리 남매를…… 순이는 마흔 하나에 막내딸을 낳은 것이다. 그렇게 늦게 난 남매건만 병원 한 번 안 가고 건강하게 잘 자라고 있으니 순한 순이에게 주는 노년의 축복인가······.

　이제는 지난날의 고통을 상기하며 남편에게 큰소리라도 한 번 칠 수도 있으련만 여전히 순이는 말이 없다. 오히려 옛날보다 더 순종하고 고개를 숙인다. 그러나 그런 그에게 어디에 그런 냉정함이 있는지 힘들게 얻은 남매지만 무서울 만큼 바르게 가르친다. 그렇게 매정했던 남편도 반평생을 통한 순이의 희생에는 어쩔 수 없었던지 이제는 순이를 닮아 간다고 한다. 남은 인생 살면서 어떠한 경우에도 화내지 않는 것이 그 남편의 소원이고 그의 별명이 남자천사라고 하니 참으로 많이 변했다.
　순이는 재벌의 부인이 아니다. 그리고 고관대작의 사모님이 된 것도 아니다. 그러나 그는 결코 평탄치 않은 삶을 살면서도 유순함을 끝까지 잃지 않았다. 그래서 순이는 착한 사람인가.

　순이는 특정인을 지칭하는 이름이 아니다. 언제나 소녀 같은 그 옛날 어렸을 적 우리의 누이요, 영원히 간직할 마음의 연인이요, 어려운 시절을 함께했던 우리의 어진 아내요, 못난 자식 한시도 잊지 못하시는 우리의 어머니다.
　소박한 우리의 노래에도 유독 순이를 찾는 노랫말이 많다. 〈순이 생각〉, 〈순이 소식〉, 〈18세 순이〉, 〈순이야〉 등등······.

고향을 떠나올 때 언덕에서 보이지 않을 때까지 손수건 흔들어 주던 순이, 입영열차 타던 날 손을 흔들며 애써 눈물을 감추던 순이, 속으로만 좋아했던 동네 총각 가슴에 묻고 이웃마을로 시집가던 순이, 첫아이 등에 업고 수줍어 얼굴 붉히던 순이! 그 순이가 바로 우리의 순이다.

순이여! 이 세상 살기가 아무리 힘들고 어려워도 그 옛날 그 소녀, 그 순이로 영원히 남아주오. 나는 그대의 고운 모습을 그리며 꿈꾸듯 살아가리다.

12
남을 칭찬하는 마음

나는 20여 년 전 한 직장동료가 내게 해 준 한마디의 말을 생각할 때마다 지금까지도 내 자신이 심히 부끄럽다.

그때 나는 승진시험 대상이 되어 운이 좋아 합격하게 되었는데 그는 나와 동년배였고 공직 경력도 비슷하였으나 우직한 성격 탓인지 승진 대상에 들지 못하여 시험도 치르지 못하게 되었다. 합격자 명단이 발표되자 그가 제일 먼저 나를 찾아와서 내 손을 꼭 잡으며 하는 말이 "정형! 내가 합격한 것보다 더욱 기쁘오." 하는 것이었다.

나는 진심에 가득 찬 그의 말 한마디에 가슴이 뜨거웠고 오랜 세월이 흐른 지금에도 그 동료의 아름다운 마음을 잊을 수가 없다. 만일 입장이 바뀌었더라면 나는 그와 같이 넓고 깊은 마음으로 그리고 진실로 그의 합격을 축하해 줄 수 있었을까? 아마도 그렇지 못했을 것이다. 오히려 시기하고 질투하지나 않았을지 내 자신이 의심스러워진다.

사람들은 자기보다 못한 이가 불행한 일을 당했을 때에 안타까워하고 이웃의 슬픔을 내일처럼 생각하기는 쉽다. 그러나 나보다 나은 자가 더욱 잘되고 기쁜 일이 있을 때에 우리는 마음에서 우러나는 축하와 박수를 보낼 수 있을지 생각해 볼 일이다.

최근 우리 주위의 많은 분들이 이런 저런 일로 인하여 공직을 떠났다. 혹시 나와는 상관없는 남의 일로 생각하지는 않았는지? 아니면 내심으로 박수라도 치지는 않았는지? 자신을 되돌아보아야 할 것이다.

영국의 명문대학에 한 학생이 유학을 하고 있었는데 이 학생은 성적이 뛰어나 시험을 볼 때마다 매번 1등을 하였다고 한다. 그러나 불행하게도 그 학생이 몸이 아파 병원에 입원하게 되었고 두 달 만에 퇴원하여 학교에 출석하자 마자 바로 학기말 시험을 치르게 되었다고 한다. 모든 학생들이 이번에는 항상 2등 하던 영국학생이 수석할 줄로 믿고 있었는데 시험결과는 입원하였던 그 다른 나라의 유학생이 또 1등을 하지 않았겠는가. 2개월 동안이나 강의를 듣지 못한 학생이 어떻게 그런 성적이 나올 수 있었느냐는 질문에 그 유학생은

"내가 1등한 것이 아니다. 병원에 있는 동안에 하루도 거르지 않고 매일 찾아와서 그날그날 강의 내용을 알려주고 노트를 주고 간 2등을 한 영국학생이 사실은 1등한 것이다."라고 했다고 한다. 자신이 설욕할 수 있는 좋은 기회가 왔음에도 자기보다 실력이 나은 친구에게 노트를 빌려주고 강의 내용을 전해 준 이 학생이야말로 진실로 1등한 학생일 것이다.

옛적 우리 선조들은 대갓집 자제가 벼슬을 하여 금의환향할 때면 자신의 아들이 벼슬한 것보다 더 기뻐하고 온 고을이 잔치를 벌였다. 오늘에 사는 우리는 과연 남이 잘되는 일에 찬사와 성원을 보내고 있는가? 지난날 어려웠던 시절에 나라를 위하여 많은 고초를 겪었던 분들이 새로운 시대를 맞이하여 중요한 직책에 등용되고 있다. 우리는 그분들에게 기대를 모아주고 축하를 보내기 앞서 냉소를 띠거나 흠을 찾거나 시기를 하지는 않았는지? 옷깃을 여미게 한다.

성서에 "어찌하여 형제의 눈 속에 있는 티는 보고 네 눈 속에 있는 들보는 깨닫지 못하느냐." 하였고, 중국의 북송(北宋)시대에 재상 범충선공(范忠宣公)은 "남을 책망하는 마음으로 자신을 꾸짖고 자신을 용서하는 마음으로 상대방을 용서하라." 하였거늘 우리는 상대방에게 얼마나 관용을 베풀며 자신의 허물에 대하여는 어떻게 책망과 성찰을 하고 있는지도 궁금할 일이 아닐 수 없다.

세상에는 부정적인 면만 있는 사람은 없다. 성격이 급한 사람은 신중함이 부족할지라도 결단력과 의협심이 돋보일 것이며 그와 반대인 사람은 설혹 지나친 신중함으로 때를 잃는 경우가 있을지언정 경솔한 결정이나 경망스러움으로 인하여 남에게 피해를 주지 않는 장점을 가지고 있을 것이다. 이렇듯 상대방의 장점을 찾아 칭찬하려는 마음을 가지면 누구라도 칭찬할 수 있을진대 우리는 남의 결점과 단점부터 찾는 우매함을 지니고 있다.

법을 정립하거나 판단하거나 집행하는 공직자는 자신이 더욱 법규범에 철저하고 그 규범을 스스로 지켜야 상대방에게도 지킬 것을 요구할 수 있을 것이다. 자신의 잘못은 실수이고, 상대방의 실수는 고의라고 주장한다면 이는 규범과 가치관이 바로 서지 못한 경우이다. 이렇게 지극히 당연하고도 분명한 사리가 간혹 외면당하는 일이 있을 때에 시민들은 서글픔을 느끼게 될 것이다.

나보다 나은 이의 기쁜 일을 내일같이 즐거워하는 마음, 자신을 용서하는 심정으로 상대방에게 관용을 베푸는 마음, 남에게 요구하기 앞서 스스로 행하는 미덕을 우리 각자가 가질 때 이 사회는 보다 성숙되고 아름다워질 것이다.

13 마지막에 남기는 말

 소슬바람에 으스스 한기를 느끼는 늦가을이 되면 나는 어김없이 몸살을 앓는다. 피할 수 없는 인생의 마지막 길이 한 발짝 가까워지기 때문이다. 인생 70이라고 하지만 잠든 날과 병든 날, 철없던 유년 시절 빼고 나면 이 세상 사는 날이 얼마나 될까? 그렇게도 짧고 속절없는 세월 속에 나는 허둥지둥 인생 50 후반에 앉고 말았다. 이제 지나온 길보다 갈 일이 턱없이 짧은데 나는 마지막 떠나면서 무슨 말을 남길 것인가?

 내 주위에는 나보다 짧은 인생을 마친 사람들이 많다. 선친은 여섯 살에 당신의 어머니를 잃고 홀아비 손에 키워져 서른아홉의 짧은 생을 마감했다. 일제시대 열네 살 되던 해 홀로 만주까지 가서 공부를 했던 입지전적인 그였지만 우리 어머니를 청상과부로 남겨놓고 이렇다할 유언 한마디 없이 다시는 돌아올 수 없는 먼 길을 떠나 버린 것이다.

우리 동네 방죽가 오두막집에 살던 어린 시절 내 친구 수환이! 그의 아버지는 논에서 오리 치고 투망으로 고기 잡던 농부였고 수환이는 우리 반에서 공부를 제일 잘하는 반장이었는데 나하고 가장 친했다. 어느 날 수환이는 "순영아! 사람은 코로 숨을 쉬고 물고기는 아가미로 숨을 쉰단다." 묻지도 않은 말을 불쑥 해 주더니 그 길로 몹쓸 병이 들어 일어나지 못하고 먼 산 암치재 단풍으로 벌겋게 물들던 어느 가을밤 끝내 죽었다.

수환이 아버지가 죽은 아들을 거적에 둘둘 말아 지게에 지고 앞산으로 묻으러 갈 때 나는 먼발치에서 서럽게도 울었다. 못난 나는 이렇게 살아서 코로 숨쉬고 있건만 수환이는 뭐가 그리도 급해서 숨도 쉬지 못하고 가 버렸단 말인가?

나의 학우 K군 부인은 폐질환으로 오랫동안 고생을 했다. 큰 병원에서 수술도 받고 공기 좋은 요양원과 기도원에도 가 있었으나 별 효험이 없었다. 남편의 눈물겨운 보살핌도 헛되이 어느 가을날 홀연히 가족들의 곁을 떠났다. 숨지기 며칠 전 그는 자신의 사진첩을 모두

가져오라고 하더니 그 중 한 장의 사진을 가리키며 "이 사진으로 내 영정을 만들어 달라."고 했다니 그 말이 그가 남긴 마지막 말이 되고 말았다.

중학교 때 동네에서 자전거를 타다가 넘어져 다친 다리가 그렇게 무서운 병이 되어 한쪽 다리를 절단한 소년이 있었다. 자꾸만 야위는 아들이 안쓰러워 쇠뼈를 사다가 고아 먹였더니 "엄마! 이렇게 맛있는 걸 왜 이제 주세요." 하면서 단숨에 두 그릇이나 먹더니 고아놓은 그 뼛국 다 먹지도 못하고 세상을 떠났다고 한다.

나는 친지들의 결혼식에는 못 가는 경우가 자주 있다. 그러나 장례식에는 되도록 참석한다. 이 세상 함께 살다가 마지막 작별하는 자리에 꼭 있고 싶어서다. 사랑하는 가족을 보내며 관을 붙잡고 함께 묻어달라고 통곡하는 사람, 짧은 인연을 마감하고 마지막 가는 사람을 원망하며 통곡을 하는 사람도 있다. 그러나 내 가슴을 오래도록 울렸던 모습은 남편을 먼저 보내며 "여보! 살아 있을 때 잘해 드리지 못해서 미안해요, 정말로 미안해요." 하면서 흐느끼는 부인의 모습이었다. 진실로 미안해하고 후회하면서 우는 것이다.

그렇다! 남아 있는 우리도 언젠가는 반드시 가야 한다. 우리는 먼저 떠나는 자에 대해서 미안한 존재일 뿐이다. 누가 먼저 가느냐 하는 것이 그리 중요한 것도 아니다. 영속되는 우주만물의 법칙에서 보면 한낱 티끌과도 같고 아침 이슬과도 같은 부질없는 인생을 나는 왜 그리도 바둥대며 허겁지겁 살아왔을까? 이제부터라도 모든 이들에게 미안하지 않게 살아야겠다. 세월이 흘러 어느 날 문득 이 세상 떠날 때 나는 마지막 무슨 말을 남겨야 할까?

"베풀 수 있을 때 베풀지 못하고 모든 이들을 사랑하지 못한 것을 너그러이 용서해 주시오."

14 두고두고 후회되는 일

기나긴 공직을 마무리해야 할 지금 와서 되돌아보면 모두가 후회와 아쉬움뿐입니다. 수많은 세월이 흘렀음에도 엊그제 일처럼 새록새록 떠오르는 부끄러운 일들을 아마 저는 영원히 잊지 못할 것입니다. 후회되는 일이 어찌 한두 가지겠습니까마는, 그 하나는 그때 참지 못한 후회입니다.

지금 생각하면 아무것도 아닌 사소한 일로 어찌 한순간을 참지 못하여 화를 내고 폭언을 하고 심지어 우격다짐까지 했었는지 참으로 어리석고 후회스럽습니다. 흉기는 육신에 상처를 내지만 저주의 언어는 영혼에 씻지 못할 상처를 남긴다고 하는데 그때 나의 독설로 인해 그는 오래도록 가슴이 아팠을 것입니다. 지금이라도 사과하고 그의 마음을 달래주고 싶지만 이미 그는 내 곁에 없습니다.

우리의 주위에는 한순간을 참지 못하고 저지른 과오 때문에 일생을 두고 후회하는 사람들이 많이 있습니다. 사람을 살해하는 끔직한 사건도 알고 보면 한순간을 참지 못한 데서 기인한 일입니다. 그 순간, 한 번 더 생각하고 참았더라면 그는 평생을 후회하고 속죄하지 않아도 될 것입니다.

또 하나는 그때 베풀지 못한 후회입니다. 사람들은 지위가 높거나 가진 것이 있어야 남에게 베풀 수 있다고 생각하기 쉽습니다. 그러나 지위의 고하나 재력의 유무와 관계없이 사람은 어떤 위치에서도 있는 그대로 상대방에게 베풀 수 있습니다. 자신이 하고 있는 일을 통해서 남을 유익하게 하는 일, 많지 않은 것이라도 나보다 못한 이들과 나누는 일, 자신에게 온 기회를 양보하는 일, 힘든 일에 앞장서는 일은 모두가 베푸는 일입니다.

저는 오래 전에 서울시청의 주요 부서에서 근무한 일이 있습니다. 원칙을 지킨다는 좋은 생각이었지만 저는 주위의 친지들에게 지나칠 정도로 매몰차게 대했습니다. 솔직히 고백컨대 저를 통하면 당연히 될 일도 안 되는 경우가 많았습니다. 그것은 오직 저를 안다는 이유였습니다. 그러니 상대방은 얼마나 서운하고 야속하게 생각했겠습니까? 오히려 제가 그곳에 있기 때문에 그는 불이익을 당한 것이나 마찬가지였습니다.

지금 와서 생각하면 미안하고 한없이 후회스럽습니다. 지금이라도 고개 숙여 사과하고 싶지만 그들은 이미 내 곁을 떠났고 저 또한 그 자리에 있지 않으니 모두가 부질없는 후회일 뿐입니다.

다른 하나는 그때 최선을 다하지 못한 후회입니다. 공직자가 지나치게 앞서거나 튀는 행동을 하면 오히려 손해라는 말이 있습니다. 그러나 자신의 직책에 최선을 다하지 않고 적당하게, 보통으로, 중간만 하는 것은 주민에 대한 배신이요, 자신을 속이는 행동입니다. 모든 일은 최선을 다하고 정성을 다했을 때와 그렇지 않은 경우 반드시 결과에서 차이가 나기 마련입니다.

제가 어느 구청에서 근무할 때의 일입니다. 모 대학에서 자치단체에 대한 주민 만족도를 평가한 일이 있었습니다. 당시 저는 평가 자료를 제출하는 실무자였는데 각 부서에서 오는 자료를 적당히 수합하여 제출했습니다. 그런데 결과는 여지없이 거의 최하위로 평가되었습니다.

후에 들은 이야기지만 최우수로 평가받은 자치단체에서는 한 달 이상을 밤을 새워가며 자료를 준비했다고 합니다. 저는 한동안 청내에서 고개를 들고 다닐 수가 없었습니다.

사람이 하는 일에 완벽이란 있을 수 없습니다. 최종순간까지 확인하고 점검하고 검토해도 실수가 있기 마련입니다. 그러나 자신이 할 수 있는 최선을 다했다면 혹시 실수가 있더라도 후회는 없을 것입니다. 저는 그런 면에서 후회가 많습니다. 주어진 직책이 내 개인을 위한 것인 것처럼 착각하거나 공직을 일신의 영달을 위한 방편으로 생각하지 않았다고 저는 자신 있게 말할 수 없습니다. 지금이라도 모든 일에 최선을 다하고 싶지만 야속한 시간은 저를 기다려 주지 않습니다.

15

아름답고 소중한 이야기

굴레방다리에서 경의선 기찻길 쪽으로 10여 분 걸으면 안산자락에 포근히 감싸인 능안마을이 나온다. 행정 동명이 북아현3동인 이곳은 조선조의 불행한 왕자였던 사도세자의 큰아드님의 능이 있었다고 해서 불려지는 동네 이름이다. 마을 뒷산에는 철따라 아름다운 꽃이 피고 봄가을에는 이름 모를 새들의 노래가 끊이지 않는다. 좋은일, 궂은일이 온 동네에 금세 퍼지는 오순도순한 마을, 인심 좋고 정겨운 도심 속에 묻힌 고향과도 같은 곳이다.

나는 몇 해 전 시청에서 근무하다가 이곳 동사무소 사무장으로 발령받고 왔다. 그러나 이렇게 아름다운 동네이면서도 글로써는 표현하기조차 힘들만큼 열악한 동사무소 환경에 나는 심한 좌절을 맛보게 되었다. 비켜 설 틈조차 없는 협소한 사무실에 어떤 직원들은 회의용 철제 접의자에 앉아 일하고 있었으며 책상은 1970년대 초에 만들어진 서랍 두 개 짜리가 고작이었다. 직원들의 근무자세도 대체로 소극적이어서 얼마 동안 있다가 딴 곳으로 떠나면 그만이다는 생각이 일반적이었고 그러다 보니 자기가 근무하고 있는 직장에 대한 애착이나 자긍심을 찾아보기 어려웠다.

나는 이러한 처지에서 마냥 실의에만 빠져 있을 것이 아니라 무엇인가 내가 해야 할 일을 찾아야겠다는 생각을 하게 되었다. 사람은 환경을 지배하기도 하지만 환경의 영향도 크게 받는다. 깨끗하고 쾌적한 환경에서 진취적인 사고도 생기고 친절한 마음도 갖게 될 것이라고 믿고 나는 본격적인 환경개선 작업을 추진하였다.
우선 책상과 의자부터 규격품으로 바꾸고 창문도 모두 컬러 유리문으로 교체하는 한편, 뒤편 공지를 이용한 청사증축계획서를 작성하여 관계 부서를 찾아다니며 지원을 호소하였다. 그 후 우리 직원들의 오랜 숙원이었던 증축공사가 확정되어 1990년 6월 감격스러운 착공을 보게 되었다.
그해는 유달리 건축자재의 품귀현상이 심하였고 장마도 길어 많은 어려움을 겪게 되었다. 특히 시공업자가 인부를 구하지 못하여 여러

날 공사가 지연되고 있을 때 나는 레미콘 작업과 모래와 자갈의 하차 등 실로 공사장 잡역부와도 같은 힘든 일을 감당하여야 했다. 이러한 고난 끝에 그해 10월 드디어 공사를 끝내고 준공식을 하던 날 나는 뒷마당에서 혼자 감격에 젖어 있었다. 우리 동사무소는 서울시의 어느 동사무소보다도 넓고 깨끗한 사무실이 된 것이다.

이제, 이러한 좋은 환경 못지않게 우리 동네 주민들을 마음에서 우러나는 친절한 자세로 부모형제처럼 대하고자 나는 몇 가지 일들을 시작하게 되었다.

먼저 '방문민원처리제'이다. 고령의 노인들과 거동이 불편한 환자들을 파악하여 이분들의 가정을 직접 찾아가서 인감신고와 주민등록증을 발급하여 드렸더니 노인들은 물론이고 가족들이 얼마나 기쁘게 생각하는지 아주 뜻 깊은 자리가 되곤 하였다.

매주 월요일 점심시간 이후에 동사무소에 찾아오시는 손님들에게 따끈한 차를 한 잔씩 드렸다. 어떤 민원인은 "관공서에 일 보러 와서 차 얻어 마셔 보기는 처음이다." "이 동처럼 친절한 동사무소는 어디에도 없어." 하며 칭찬하는 분도 있었다.

나는 이곳에서 많은 사람들의 회의적인 시선 속에 '이른 아침 민원처리제'를 시작하였다. 내가 이것을 처음 시작할 때에 주위의 어떤 사람은 "그게 며칠 가겠느냐."고 비웃었지만 우리 동의 '이른 아침 민원처리제도'는 완전히 정착되었고 동네 주민들로부터 적극적인 호응과 많은 찬사도 받고 있다.

나는 어렸을 적 아버지를 따라 시골의 면사무소에 가 본 일이 종종 있다. 그때 어린 내 눈에 비친 그곳 면사무소는 무척 침침하고 그곳 아저씨들이 무섭게만 느껴졌던 기억이 있다. 나는 그러한 어두운 기억을 더듬어 민원창구에 어린이 사탕바구니를 만들어놓았다. 어린이들이 좋아하는 사탕을 항상 푸짐하게 담아놓고 마음대로 먹을 수 있도록 하였다. 지금의 어린이들이 장차 어른이 되었을 때 동사무소에 대한 아름답고 정겨운 기억을 심어주고 싶어서였다.

나는 곤경에 처한 보훈대상자 한 분의 어려운 일을 해결하고 스스로 기쁨에 취한 일이 있다. 이분이 우리 동네 무허가건물에 세를 살 때에 전입신고를 잘못하여 집주인의 주소와 무허가 건물의 주소가 다르게 기재가 되었는데 이 잘못된 주소 때문에 국가보훈처에서 관리하는 임대주택에 입주할 수 없게 된 딱한 사정이었다.

처음에는 나도 신고자의 잘못임으로 어쩔 수 없다고 가볍게 생각했었으나 "내 일이라면 어떻게 하겠는가?" 하는 역지사지의 마음으로 지적도를 들고 현장에도 가 보고 구청 지적과에 문의도 하여 본 결과 두 번지 중 하나는 실제 존재하지 않는 지번임을 확인하게 되었다. 나는 무허가 건물확인서에 그 내용을 자세히 기록하여 확인서를 발급한 일이 있다.

몇 달 후 이분이 드링크 한 상자를 들고 나를 찾아왔다. 그때 서류를 잘해 주어서 임대주택에 들어가게 되었다는 것과 월남전에 참전하여 머리에 부상을 입었는데 그 후유증으로 지금까지도 가끔 간질 증상이 있어서 어렵게 살아왔는데 이제 사무장님 덕분에 집세 걱정을 덜게 되었다고 내 손을 잡고 눈물을 흘리는 것이었다. 나는 지난날 월남전에 파병되었던 같은 세대로서 한동안 눈시울이 뜨거워지는 것을 참을 수가 없었다.

'풋대추 한 되', 이것은 내가 오래도록 간직하고픈 이야기이다.

추석 며칠 전 어떤 아주머니 한 분이 비닐봉지에 무엇을 싸가지고 나를 찾아왔다. "우리 집 대추나무에서 딴 것인데 추석명절에 쓰세요." 하고는 뒷말은 듣지도 않고 나가 버린다. 곰곰이 생각하니 주차장 집 아주머니다.

지루한 장마가 계속되던 지난여름 어느 날 나는 그 집 앞을 지나다가 우연히 축대에서 물이 자꾸 새는 것을 보고 그 집에 들어가서 위험하지나 않은지 살펴본 일이었다. 그 사소한 나의 관심에 아주머니는 이렇게 고마운 생각을 하신 것 같다. 요즘처럼 각박한 세상에 이렇게 아름다운 일도 있다니 참 감사할 따름이다. 그러나 동사무소는 항상 이렇게 흐뭇하고 고마운 일만이 있는 곳은 아니다.

"링거주사 한 병이라도 맞아 보고 죽었으면 원이 없겠어요." 공장에서 일한다는 한 아주머니의 목메인 탄식을 나는 듣고 있었지만 난들 어떻게 하겠는가? 세상에는 풍족하여 사치와 낭비로 지탄을 받는 사람들도 많건만 어찌 이 아주머니는 꺼져가는 외아들을 입원은 고사하고 영양주사 한 번 맞힐 돈이 없다는 말인가? 옆에 있던 우리 사회복지 전문요원 문양의 마음도 내 마음보다 더 아픈가 보다.

  우리 동네에 있는 김 내과 원장선생님으로부터 전화가 왔다. "우리 사회에 이렇게 갸륵하고 고마운 공직자가 있습니까? 내가 문양의 이야기를 듣고 그 환자 집에 간호사를 보내서 우선 약과 영양주사를 놓도록 하였습니다." 문양이 김 내과 원장선생님을 찾아가서 그 아주머니의 딱한 사정을 눈물로 호소한 것 같다. 그의 뜨겁고 깊은 마음에 나는 한동안 일손을 놓고 말았다. 아주머니의 외아들 성운이가 건강한 몸으로 우리들과 다시 만날 수 있기를 나는 기도하고 있다.

  1991년은 서대문구가 일선기관의 친절봉사 평가에서 서울시 22개 구청 중 최우수기관의 영광을 안은 해였다. 북아현3동은 서대문구 자체평가 결과 22개 동 중에서 가장 친절한 동으로 선정되어 친절봉사 최우수기관 동판을 수여받아 동사무소 현관에 거는 영예를 안게 되었다. 이렇게 아름답고 소중한 이야기들을 간직하고 동네 주민들과 아쉬운 정을 남겨둔 채 나는 1992년 6월, 3년간의 동사무소 근무를 마치고 구청으로 전근하게 되었다.

기대와 설레임 속에 문민정부가 출범하여 사회 곳곳에서 변화와 개혁의 물결이 드높던 지난해 봄, 구청에도 행정쇄신기획단이 발족하게 되었다. 나는 분에 넘치게도 그 기획단의 한 사람이 된 것이다. 나는 동사무소에서 근무하였던 경험을 바탕으로 행정쇄신개선과제를 많이 제안하였다.

그 중에서 대표적인 것 몇 가지를 소개한다면, 먼저 민원서식 통장댁 교부제이다. 출생신고서나 주민등록 전입신고서 등 민원서식을 통장 댁과 아파트 관리사무소에 비치해 놓고 필요한 사람은 누구든지 가져다 쓸 수 있도록 하자는 것이다. 이 개선안이 채택되어 우리 구 모든 통장 댁과 아파트 관리사무소, 백화점, 은행 등에서 민원서식을 교부하고 있다. 그리고 구청 소속 공무원 중에서 관내에 거주하고 있는 226명의 직원을 주민 심부름꾼으로 지정하여 자기가 살고 있는 동네의 민원대행과 주민불편사항, 견문 보고 등 주민들의 심부름을 도맡아하는 것이다.

본격적인 장마가 시작되기 전 6월 초 나는 우리 동네 수도관 개량

공사를 추진하였다. 이곳은 1970년대에 지은 오래된 집들이 대부분이어서 서도관이 협소하고 낡아 낮에는 수돗물이 잘 나오지 않는다. 수도사업소에 문의하여 관 개량공사를 신청하였더니 신속하고도 친절하게 공사를 해 주어서 지금은 그 일대가 수돗물이 콸콸 쏟아진다. 보안등에 불이 나가면 동사무소에 신고하고 공사 때문에 파놓은 도로가 있으면 구청 토목과에 연락하여 복구토록 하고 길가에서 물이 새면 수도사업소로 신고한다.

우리 옆집은 집을 새로 지었는데 등기가 없다. 나는 건축물관리대장에 등재하여 등본을 가지고 등기를 마칠 수 있도록 해 주었다. 나는 사무실에서 내게 맡겨진 업무 외에도 언제나 바쁘다. 그러나 바쁜 만큼 보람과 기쁨을 느낀다.

지난겨울 눈이 한 자나 쌓였을 때 나는 새벽부터 땀을 뻘뻘 흘리며 골목마다 눈을 치우고 있었다. 때마침 차를 타고 지나가던 빌라집 아저씨가 "정 선생님! 차도 없으신 분이 눈은 제일 먼저 치워주셔서 감사합니다." 하며 손을 흔들며 지나간다. 그 말 한마디에 피곤이 싹 풀린다.

— 제3장 —
졸때기도 한마디 합시다

자치단체 소속 지방공무원들이여!

그래도 희망을 가지십시오.

정치인과 자치단체장에게는

임기가 있지만

주민과 직업공무원에게는

임기가 없지 않습니까?

01

굴러온 돌이 박힌 돌 뽑아낸다

다닥다닥 붙어 협소하기 짝이 없는 서민주택 밀집지역 그래도 그 곳에 사는 사람들은 그 속에서 꿈을 키우며 오순도순 살아왔다. 그런데 어느 날 재개발해서 잘살게 해 주겠다는 조합장 말만 듣고 도장 찍어주고 나면 토박이 그 사람들은 다 떠나게 되고 돈 많은 사람들이 새 아파트를 사서 이사 온다.

뒤에는 푸른 산 앞에는 맑은 시내, 한적한 농촌마을에 어느 날 다리 놓고 상수도 들어오고 나면 외지 사람들이 요새 말로 펜션 짓는다며 전답 다 사들여 대대로 자식 키우며 정붙여 살아온 촌부들은 마을을 떠나고 만다. 서울사람들이 눈뜨면 바라보이는 남산에는 사계절 늘

푸르던 그 옛날의 소나무는 보이지 않고 이름도 생소한 외래식물이 지천으로 널려 있다. 처음에는 애완용이나 방생용으로 들여왔던 붉은 귀 거북이 이제는 한강은 물론 전국의 저수지나 하천에서 토종 어류를 마구잡이로 잡아먹어 생태계를 교란시키고 있다.

지방자치란 일정지역의 주민이 그 지역의 공공사무를 자주적으로 결정하고 처리하는 제도로써 이 제도의 핵심은 자기들의 의사와 책임 아래 스스로, 또는 대표자를 선출하여 공공의 사무를 처리케 하는 것이다. 그런데 그 대표자는 반드시 그 지역주민 중에서 뽑는 것이 불변의 법칙이다. 바꿔 말하면 마포구 주민을 서대문구 대표로 뽑지 않는다는 것이다. 여기서 말하는 대표란 자치단체장이나 지방의원만을 지칭하는 것이 아니라 자치단체의 사무를 맡아 처리하는 모든 공무원이 해당된다. 현행 지방공무원법에서 자치단체 소속 공무원을 정부나 상급 자치단체가 아닌 당해 자치단체장이 임용하도록 하는 제도도 이러한 원칙을 실현하는 하나의 수단이다.

1988년 지방자치법이 전문(全文) 개정되어 시행되기 이전에는 서울특별시와 각구 소속 공무원에 대한 임용권을 서울특별시장이 가지고 있었다. 그러나 지방자치법이 시행되면서 지방자치 본래 취지에 적합하도록 서울시에서는 서울시 소속 전체공무원을 대상으로 연고

지별로 대대적인 인사를 단행한 일이 있다. 그 후 1995년 민선 자치단체장 출범을 앞두고 또 한 번 희망자를 파악하여 시와 구간, 구와 구간의 인사교류를 시행하였다. 이러한 일은 지방공무원이 자기 연고지에서 애착을 가지고 열심히 일하도록 하는 적극적 인사행정으로 높이 평가할 만하다.

그러나 2002년 민선 3기가 출범하면서 서울시 자치구 공직 사회는 한동안 심각하게 흔들리고 말았다. 서울시장과 22개 구청장을 차지한 모 정당 소속 자치단체장들이 인사교류라는 명분으로 직급별 교류대상 인원수를 정하는 등 서울시 인사에 유례없는 대규모 구간 인사를 단행했다.

특히 일부 구에서는 특정 직급에 대해서는 일괄 전출동의서를 받아 이 중에서 선별 처리하는 정당치 못한 방법을 쓰기도 하였다. 이것은 겉으로는 그럴싸한 이유를 붙였지만 결국 자기 사람 끌어오고 정서에 맞지 않는 사람은 내보내는 전형적인 정실인사다. 사적 감정에 좌우되는 인사는 조직의 효율성을 떨어뜨리는 것은 말할 것도 없고 공직자들이 열심히 일하기보다는 인사권자의 눈치나 살피게 되어 종국에는 조직이 피폐케 되는 것이다.

더욱 심각한 것은 그 후 몇 차례 더 있은 구간 인사교류에서 그 지역에 연고가 있는 상당수의 공직자들이 타 자치단체로 전출되었다는 것이다. 그 이유를 여러 가지로 설명할 수 있지만, 그 중 하나는 그 지역에 오랫동안 거주하면서 근무해 온 사람들이 구청장의 다음 선거에 도움이 안 된다는 것이다. 오히려 계속 근무케 하는 것은 선거에서 반대편, 또는 경쟁자를 유리하게 할 수도 있다는 것이다. 그러다 보니 전혀 연고도 없는 타 자치단체 공무원들이 와서 주민을 바라보기보다는 높은 곳만 향하여 움직이고 있다.

어쩌다 지방 공직 사회가 이지경이 되었는가? 과거 중앙통치시대 1980년대에 매우 권위주의였던 서울시 인사에서도 장기 근속자에 대한 인사교류는 있었다. 그러나 그때는 조직의 신진대사를 위한 긍정적 측면의 인사였지 구청장의 자기 사람 심기를 위한 대대적인 물갈이 인사는 아니었다.

공직자도 한 자리에 오래 있으면 박힌 돌이 됩니다. 어느 날 엉뚱한 돌이 굴러 와서 박힌 돌 빼내기 전에 스스로 구르는 것도 현명한 처신이 아니겠습니까? 굴러온 돌은 연고 없는 공직자뿐만이 아닙니다. 특별히 그 지역에 연고도 없는 생소한 사람이 선거 때 갑자기 나타나서 자기가 지역을 위해 오랫동안 봉사한 것처럼 주민 홀리고 당선되기 무섭게 박힌 돌 빼내는 사람도 굴러온 돌이지요.

02 진정한 평가는 퇴임 후에 이뤄진다

　1981년 당시 56세의 젊은 나이로 4년 임기를 마치고 퇴임한 지미 카터 전 미국 대통령은 불명예스럽게도 집권기간 내내 역대 대통령 중 가장 무능하다는 평을 들었다. 그러나 그는 재임 중의 불명예를 만회라도 하듯 퇴임 후 인권과 민주화 그리고 빈곤퇴치에 헌신적인 활동을 보여 2002년에 노벨평화상을 수상하였다.
　우리나라 정치 지도자들은 오히려 재임 중에는 조국 근대화의 영도자니 새로운 시대의 지도자니 하며 칭송을 받다가 졸지에 자신의 심복의 손에 유명을 달리하거나 퇴임하자 마자 감옥에 가는 비극적인 일이 일어나기도 하였다.

배우에 대한 진정한 평가는 연극이 끝나고 배우가 무대에서 내려온 이후에 이루어진다. 무대에 있을 때에는 현란한 조명과 화려한 의상의 효과로 냉정하게 연기력을 평가할 수 없다. 공직자도 마찬가지다. 어떤 직위에 있을 때에는 그 사람에 대한 사실적 평가가 어렵다. 직책에 내재하는 부가요소가 본질을 희석하거나 때로는 과장하기 때문이다.

최근 일부 자치단체장들이 정부가 추진하고 있는 행정수도 이전과 종합부동산세를 반대하는 성명을 발표하거나 재산세를 소급하여 감면하는 조례를 개정하는 등 정부의 주요 정책에 대해서 드러내놓고 반발하는 사례가 부쩍 늘고 있다.

지역의 득실과 주민의 이해관계에 따라 정부정책에 대하여 자치단체장이 입장을 밝히는 것은 주민의 권리보호를 우선하는 지방자치의 특성상 당연한 일이다. 그러나 정책이 결정되기 전이라면 정부에서도 반드시 긍정적으로 검토해야 되겠지만 이미 적법절차에 의하여 결정된 사안을 다음 선거를 의식하거나 인기에 영합하기 위한 반대라면 주민을 위해서도 그리고 국익을 위해서도 아무런 도움이 되지 않는다. 지방자치는 국가 위에 존재하지도 않을 뿐 아니라 그 권원이 무소불위도 아니다.

지방자치는 국정과 조화를 바탕으로 타 자치단체와 균형을 이루면서 지역 민주화에 기초를 두어야 한다. 이러한 조건을 충족시키기 위한 노력이 없는 지방자치는 반드시 주민들로부터 외면받게 된다.

빈 수레가 요란하다는 말이 있다. 모든 자치단체가 참여할 수 있는 기회가 보장되어 객관적으로 평가되고 상대방이 인정해야 비로소 진정한 의미의 1등일진데 어느 기관이 평가했는지도 모를 1등, 으뜸, 일류, 최고, 선진 등 식상한 내용의 현수막을 곳곳에 걸어놓는 자치단체, 분명 그 자치단체는 외화내빈(外華內貧)일 것이다.

행정은 경영과 달리 계량화가 어렵고 특히 판단의 기준과 척도가 각기 다르기 때문에 나는 1등, 너는 꼴지 식의 주장은 설득력이 없다. 현직에 있으면서 듣기 좋은 구호 내걸어 인기를 구가하기보다는 현재는 평범하다는 소리를 듣더라도 후일에 정당하게 평가받는 것이 정도일 것이다.

모름지기 현명한 자치단체장은 누가 알아주거나 말거나 요란하지 않게 묵묵히 직무를 수행한다. 그러한 자치단체장이 당장에는 삼박한 인기가 없을지라도 오래도록 주민들로부터 은근한 사랑과 존경을 받게 된다. 사람은 함께 있을 때에는 그 사람의 진면목을 알기가 쉽지 않다. 떠난 후에야 비로소 그 사람의 본래의 모습이 인식된다.

헤어진 후에 오래도록 기억되는 사람, 퇴임 후에 두고두고 생각나는 자치단체장이 성공한 자치단체장이다. 하루도 편한 날 없이 주민들의 건강을 챙겨주던 구청장, 슬픈 일이나 힘든 일을 당한 주민 곁에 어김없이 함께 있던 구청장, 힘들게 일하는 직원들 어깨를 두들겨 주던 자애로운 구청장, 이 시대에 우리에게는 이러한 구청장이 필요하다.

젊고 유능하다는 것은 여러 가지 측면에서 매우 유리하게 작용할 수 있다. 그러나 그것이 오용되거나 남용될 경우 자신은 물론이요 소속단체와 주위사람들에게 커다란 피해를 주게 된다. 특별히 잘난 것도 없고 그렇다고 시류에 영합하지도 못해서 오히려 답답하다는 말을 들었을지라도 소리 없이 정도를 걸어갔던 구청장, 모으기보다는 베풀기를 즐겨하고 국밥 한 그릇에 만족해하던 구청장이 그리워지는 이유는 무엇일까?

권불사년(權不四年)이라는 신조어가 생긴 지 이미 오래건만 얼마 남지 않은 퇴임 후를 생각하지 않고 현직에 취해서 무책임하게 정부정책을 비판하고 있는 자치단체장이 우리를 슬프게 한다. 분명한 것은 진정한 의미의 평가는 지금이 아니라 퇴임 후라는 불변의 원칙이다.

공무원이 죽어야 나라가 산다

03
뒤로 가는 지방 공직 사회

    1995년 지방자치가 시작된 후 지방행정에는 긍정적이든 부정적이든 여러 분야에서 많은 변화가 일어났다. 그러나 불행하게도 민선 3기인 지금 지방자치단체 소속 공무원들은 최대의 위기에 직면해 있다. 세 번의 지방선거를 거치면서 직업공무원제도와 공직자의 정치적 중립이 크게 훼손되었다. 여기에 일부 자치단체장의 파행적인 인사로 지금 지방공무원들은 불안에 떨고 있다.

    그동안 양식 있는 학자들은 물론 심지어 당사자인 전국 시장군수구청장협의회에서조차 기초자치단체장에 대한 정당 공천은 자치행정을 중앙정치에 예속시킬 뿐이라는 이유로 반대한다는 입장을 일관

되게 밝혀 왔으나 정치권은 설득력 없는 이유를 들어 이를 들어주지 않고 있다. 그 결과 자치단체장은 소속 정당의 굴레에서 벗어날 수 없게 되었으며 정당이 자치단체의 인사와 예산, 심지어 사업의 우선순위까지 깊숙이 개입하는 결과를 가져 왔다.

뿐만 아니라 정치인과 기업가 등 비행정가 출신의 일부 자치단체장은 능력에 의한 공정한 인사가 아니라 전임자 임기 중 열심히 일했던 공무원에 대한 보복과 한풀이식 정실인사를 하는 바람에 지금 지방 공직 사회는 심각한 동요가 일고 있다.

그렇다면 여기에 대한 책임은 누구에게 있는가. 우선 제도적인 문제가 있다. 서두에서 언급한 바와 같이 현재로써는 기초자치단체장에 대한 정치권의 압력을 막을 수 있는 제도적 장치가 전무하다. 정당 공천에 의해서 당선된 자치단체장이 소속 정당의 간섭 내지는 청탁을 물리칠 수 있는 사람이 있겠는가. 그랬다가는 다음 공천에서 반드시 탈락하고 말 것이다.

다음은 자치단체장 개개인의 가치관과 행태의 문제다. 지방 공직을 마치 전쟁에서 승리한 자가 차지하는 전리품쯤으로 착각한 나머지 주요 직책을 가차없이 자기 사람으로 갈아치우고 줄을 세우는 망국적인 정실인사의 악순환이 계속 되고 있다.

그러나 법과 제도, 자치단체장을 탓하기 전에 오늘의 지방 공직이 이렇게 흔들리고 있는 가장 핵심적인 이유는 뭐니뭐니 해도 지방 공무원 스스로에게 있다는 것을 부인하지 못할 것이다.

인사는 각자의 능력을 기준으로 정당한 평가에 의해서 적재적소에 보임되어야 함에도 특정 정당에 충성하고 자치단체장 한 사람에게 잘 보이려는 잘못된 공무원, 선거 때만 되면 유력한 후보 또는 자기 지역 출신 후보에게 줄을 서는 정치성향 공무원, 온갖 지연·학연·혈연을 동원하여 인사청탁을 하는 공무원, 이러한 공직자가 오늘의 결과를 가져온 것이다.

줄을 잘 서고 인사청탁을 잘 해서 승진하고 자리를 보전하는 행위는 본인은 물론 조직에도 커다란 해악이 될 뿐이며 지방자치단체의 공정한 인사를 송두리째 뒤흔드는 옳지 못한 처사다.

지방자치에 정치가 개입하고 자치단체장의 정실인사가 계속되고, 지방 공직자들이 줄서기를 멈추지 않는다면 우리의 지방자치 발전은 요원한 일이 되고 말 것이다. 공직자가 국민을 바라보지 않고 특정 정당에 충성한 결과 가져온 국가적 폐해를 우리는 지난 역사를 통해서 너무도 잘 알고 있지 않은가.

오늘날 지방자치 환경이 아무리 지방공직자들에게 특정 정당이 충성을 요구하고 자치단체장이 줄서기를 강요한다 하더라도 공직자는 주민 전체에 대한 봉사자라는 불변의 가치를 망각해서는 안 될 것이다. 그래야만 자치단체 공직자가 정당의 시녀가 아니라 명실 공히 지방자치 발전의 주역으로 역사에 평가될 것이다.

04
직업공무원제 이대로 좋은가

 공무원은 종이 한 장으로 오고 간다는 말이 있다. 이 말은 공직자가 아무리 열심히 일을 해도 인사발령장 한 장이면 그 자리에서 떠나야 하고 아무리 좋은 자리에서 기세등등해도 인사권자의 말 한마디면 그만이라는 매우 자조 섞인 부정적인 말이다. 그러나 한편으로는 상사(上司)가 아무리 괴롭혀도 발령장 한 장 받으면 딴 곳으로 갈 수 있다는 희망적인 의미로 쓰일 때도 있다.

 1991년 군사정권에 의하여 중단되었던 지방의회가 부활되고 1995년 주민이 직접 자치단체장을 뽑는 민선 지방자치가 출범하였다. 세상사 모든 면에는 양면성이 있게 마련이지만 민선 지방자치도 긍정적인 면과 그렇지 못한 면이 확연히 구별된다.

우선 주민의 입장에서 보면 자치단체가 높은 곳만 바라보지 않고 주민을 위한 친절한 모습으로 변화되어 지역 현안에 대해서 능동적으로 대처하는 일, 국가의 재정투자를 유치하여 지역을 발전시키는 일, 재개발과 재건축 등 오랫동안 방치되다시피 했던 고질 민원을 해결하는 일 등은 민선 지방자치가 착실하게 뿌리 내려가는 긍정적인 요소이다.

반면에 자치단체장 선거를 둘러싸고 고질적 지역감정의 망령이 되살아나는 일, 좁은 지역 안에서조차 자신들의 이해관계에 따라 권역별로 주민들이 대립하거나 국가의 시책이 자치단체의 반대에 부딪쳐 장기간 표류하는 일, 자치단체장의 차기 선거를 의식한 선심성 사업과 얼굴 내기 위한 낭비성 행사는 대표적인 부정적인 사례다.

그러면 자치단체 공직 사회는 어떠한가? 한마디로 정부수립 이후 일관되게 지향해 왔던 공무원의 신분보장과 직업공무원제가 여지없이 훼손되고 있다. 젊고 유능한 인재를 공직에 채용하여 신분에 불안을 느끼지 않고 국가를 위해서 봉사하도록 한다는 학문적 의미의 직업공무원제는 민선자치 출범 이후 최소한 자치단체에서는 그 의미가 심각하게 퇴락해 버렸다.

이렇게 된 원인은 여러 가지로 접근할 수 있으나 우선 일부 몰지각한 공무원의 정치성이다. 공무원법과 공직선거 및 선거부정방지법에서는 공무원의 정치적 중립과 공무원의 선거에 영향을 미치는 행위를 엄격하게 금지하고 있다.

그럼에도 일부 공무원은 지방선거 때마다 출신 지역에 따라 줄을 서고 유력한 후보를 노골적으로 지지하는 유치한 정치적 행태를 보이고 있다. 이러한 행위가 선량한 다수 공직자에게 심한 좌절감을 주는 것은 물론 결국 직업공무원제의 본질을 훼손하는 비참한 결과를 자초하는 것이다. 이것은 누구를 탓하기 전에 자치단체 소속 공무원들이 스스로 반성해야 할 것이다.

특정 공무원들로부터 지지를 받아 당선된 자치단체장은 반드시 논공행상(論功行賞)을 하기 마련이고 공직을 전리품으로 오판, 자기 사람 심기에 주저함이 없다. 본인의 동의 없는 타 기관 전출과 납득할 수 없는 보복성 전보인사가 비일비재하다. 그것도 모자라 자치단체장의 측근 인사가 앞장서서 금품으로 자리를 사고파는 공직 붕괴현상이 우리 주위의 가까운 곳에서 일어나고 있다.

IMF 경제난 이후 사회 전체가 변화와 개혁의 소용돌이 속에 휩싸이고 특히 기업의 조기퇴직 현상은 공직에도 커다란 충격을 주어 한참 일할 4, 50대의 경륜 있는 수많은 공무원들이 아쉽게도 공직을 떠났다. 이러한 현실에서 남아 있는 공직자들이 한가롭게 신분보장과 직업공무원제를 구가하고 있다고 비판할지 모르겠으나 꼭 그런 것만은 아니다.

　전후 폐허의 잿더미였던 일본이 오늘날 세계 경제대국으로 발전하기까지는 훌륭한 정치인도, 정당을 등에 업은 자치단체장도 아닌 흔들림 없는 정통 직업 관료의 헌신과 봉사였다는 사실에서 말해 주듯이 직업공무원제가 국가 발전에 부정적인 요소만이 아님은 확실하다. 총선 결과에 따라 내각이 수없이 바뀌고 지방선거에서 자치단체장이 아무리 바뀌어도 행정은 전문가에 의해서 지속되어왔기 때문에 오늘의 발전된 일본이 있는 것이다.

　지방자치가 기초적 민주주의를 실현하여 성숙한 사회로 가는 첩경임을 부인하지 않는다. 그러나 그러한 과정에서 자치단체 소속 공직자들은 열심히 일하면 상을 받는다는 신상필벌(信賞必罰)의 확신보다는 줄을 서지 아니하거나 줄 잘못 서면 불이익을 당한다는 불안감에 빠져 있는 것이 오늘의 현실이다.

　"자치단체 소속 지방공무원들이여! 그래도 희망을 가지십시오. 정치인과 자치단체장에게는 임기가 있지만 주민과 직업공무원에게는 임기가 없지 않습니까?"

05 반드시 청산되어야 할 패거리문화

　육사 11기 영남 출신 장교들이 주축이 되었던 '하나회'는 처음 출발은 같은 지역 출신으로 육사 동기라는 동지의식에서 순수하게 시작했겠지만 시간이 지나면서 이들은 군의 핵심 요직을 독점하고 권력의 주위를 맴돌면서 서서히 권력의 마력에 빠져들게 된다. 결국 이들은 12·12 군사반란의 중심에 서게 되고 전두환·노태우 등 하나회 핵심인물들이 신군부로 등장하면서 5공화국을 창출시켰다.
　5공화국의 공과(功過)는 역사가 판단하겠지만 분명한 것은 YS의 문민정부가 들어서면서 하나회는 철저하게 해체되고 잘나가던 TK(대구·경북) 출신 하나회 장성들은 줄줄이 옷을 벗는 수모를 당했다. 고향사람들끼리 만든 사조직이 일국의 군을 장악하고 결국에는 국가를 운영한 참으로 기막힌 일이 우리의 역사에 버젓이 살아 있다.

서울특별시에는 1961년 5·16 군사정권 이후 1994년 11월, 임명직으로서는 마지막인 최병렬 시장까지 무려 17명의 시장이 재임했으나 호남 출신 시장은 1988년 12월부터 1990년 12월까지 재임한 고건 시장이 유일하다. 김현옥, 양택식, 구자춘, 정상천, 박영수, 박세직, 이상배, 우명규, 최병렬 시장 등 모두 영남 출신이다.

같은 시기의 서울시내 구청장 또한 절대다수가 영남 출신이었다. 호남 출신에게는 지역 내에서 영향력을 발휘할 수 있는 기관장인 구청장을 시키지 않는 것이 당시의 불문율이었고 호남 출신으로 구청장급인 2~3급 공무원은 소위 한직인 사업소장 보직을 주어서 변방으로 보내거나 아니면 마지못해 시청의 별 볼일 없는 국장으로 보임하는 것이 관례였다. 서울시청의 핵심과장인 총무과장·인사과장·감사과장 역시 시장과 동향 출신들이 차지하고 차기승진 1순위인 구청의 총무과장도 구청장과 출신이 같은 사람으로 시장이 찍어서 발령을 내다 보니 영남사람들이 앉을 수밖에 없었다.

서울시의 하나회라고 불리던 이러한 인사의 가장 큰 역작용은 이들이 같은 지역 사람들끼리 서로 추천하고 끌어주는 이른바 자리의 인계인수가 철저하게 이루어져서 타 지역 사람들은 아무리 성실하고 능력이 있어도 주요 직책에 갈 수 없고, 그래서 유능한 인재들이 서울시에서는 희망이 없다고 자포자기하는데 있다. 이러한 현상은 개인의 차원을 넘어 국가의 효율적인 인적자원의 관리에도 심각한 문제가 아닐 수 없다.

　인사가 있을 때마다 이리 밀리고 저리 밀리면서 서자 취급받는 호남 출신 서울시 공무원들은 밤잠을 못 이루고 가족들 몰래 베갯잇을 적신 사람이 한둘이 아니었다. 그들이 호남에서 태어나고 싶어서 태어났으며 이 세상에 부모나 고향을 선택해서 태어난 사람이 어디 있겠는가? 그들은 울분을 삭이며 잘못 태어난 고향과 세상을 원망했을 것이다.

　언필칭 보통사람의 상식으로는 이제 민선 자치단체장시대가 되었으니 과거의 잘못된 인사의 폐해는 역사의 뒤안길로 사라졌을 것으로 생각하지만 그것도 희망일 뿐이다. 오히려 주민의 직접선거로 선출된 자치단체장은 이제는 출신 지역은 물론 다음 선거까지 고려해서 인사를 해야 하는, 어찌 보면 과거 임명직 시대보다 더욱 불공정한 인사가 이루어질 수밖에 없는 더 나쁜 상황에 처해 있다.

　누구를 중용하는 것이 다음 선거에 유리할까? 어느 단체의 지지를 끌어내기 위해서는 누구를 승진시키는 것이 득표력이 있을까? 하는 한 단계 더 높은 불공정 인사가 곳곳에서 이루어지고 있다.

　자기 지역 사람을 승진시키기 위해서 몇 달씩 자리를 비워놓고 그 사람이 승진대상이 되기를 기다리는가 하면 정원에도 없는 직위를 임의로 만들어 맘에 드는 사람 승진시키고, 시와 구간의 인사협약을 일방적으로 파기하고 자기 사람 승진시키는 구청도 있다. 이러한 저급 끼리끼리, 패거리문화는 선진국에서는 그 유형을 찾아볼 수 없는 우리나라만의 한심스러운 작태다.

자유당 시절에는 호남사람이 대구에서 압도적인 표차로 국회의원에 당선되는가 하면 부산 출신 인사가 호남에서 역시 국회의원에 당선된 일도 얼마든지 있다. 지금의 세태에서는 감히 상상할 수도 없는 일이다.

인사는 기계가 하는 것이 아니라 인사권자인 사람이 하는 일이기 때문에 사람의 판단과 감정을 전혀 배제할 수는 없다. 그러나 특정 지역 인사가 주요 직위를 독차지하는 지역 편중 인사, 특정인들끼리 주고받는 인계인수식 인사, 특정인이 전권을 휘두르는 독선적 인사는 공직 사회는 물론 국정 시스템에도 중대한 장애를 일으킬 수밖에 없다.

자기 사람이라고 믿고 중요한 일 맡겼던 사람, 동향이라고 믿고 비밀 없이 다 알려줬던 사람이 어려운 일 당하면 제일 먼저 배신하고 자신에게 불리하면 언제 그랬냐는 듯이 변절하는 사람이 한둘이 아니었다. 있는지 없는지 모르게 덤덤하게 그리고 평소에 눈에 띄지 않는 곳에서 묵묵히 일하던 사람이 오히려 결정적으로 어려운 일 당할 때 발벗고 나서는 것이 동서고금의 철칙이다.

　사람 사는 곳에는 어느 곳이든지 친목단체도 있고 사조직도 있다. 이러한 비공식 모임은 인간관계를 부드럽게 하고 의사소통의 통로로서 순기능을 하기도 한다.
　건전한 비공식 모임이 아닌 이해득실에 따라 이리저리 몰려다니는 추악한 모리배, 자기들만 선민이고 타 지역 사람은 아무렇게나 해도 되는 핫바지쯤으로 취급하는 비인격자 집단, 같은 지역 출신끼리 똘똘 뭉쳐 자리를 인수인계하는 저급 패거리문화는 우리가 경계하고 어떠한 희생이 따르더라도 반드시 청산해야 할 악습 중의 악습이다.

06

공직자와 실사구시(實事求是)

　중국 청나라 초기 황종희(黃宗羲)와 고염무(顧炎武) 등 고증학파는 공리공론(空理空論)을 일삼던 송나라와 명나라의 학문을 배격하기 위하여 사실에 입각하여 진리를 탐구하려는 '실사구시(實事求是)'의 과학적 학문 태도를 취하게 된다.
　우리나라에도 조선 중기 김정희의 '실사구시론'이 있는데 주요 내용으로는 경서(經書)의 정밀한 고증과 해석을 구하는 것과 몸소 행하여 실천한다는 것으로 이는 훗날 유명한 실학사상으로 발전하게 된다.
　오늘날에도 우리 주위의 정치인이나 고위공직자 또는 기업체 임원의 집무실에 '실사구시(實事求是)'라는 커다란 액자가 걸려 있는 것을 흔히 볼 수 있다. 공허한 논쟁을 지양하고 사실적 가치를 추구하겠다는 매우 바람직한 마음가짐이자 생활태도라고 할 수 있다.

과거 권위주의 시대의 공직 사회에도 실천보다는 구호의 수준에 그치는 전시행정이 허다하였다. 어깨띠에 완장 차고 그것도 모자라 피켓까지 들고 대로변에서 교통질서 캠페인 한다며 독한 자동차 매연 속에 우두커니 서 있던 처량한 공무원들, 매월 1일을 동네 대청소 날로 정해 놓고 동사무소 직원들과 통·반장들이 빗자루 들고 모였다가 구청에서 나온 확인반의 인원점검 끝나기 무섭게 해장국 먹고 헤어지는 월례 행사, 그럴싸한 명칭의 위원회 만들어놓고 1년 내내 회의 한 번 안 하는 유명무실한 수많은 위원회, 모두가 내실 없는 전시 행정의 표본이다.

지방이 새롭게 거듭나야 나라가 발전하고 도시가 바로 국가경쟁력이라는 지방중심시대인 오늘에도 자치행정은 예나 지금이나 크게 변하지 않고 있다. 무슨 평가는 그리 많은지 자치단체 청사마다 어김없이 자기들이 1등 아니면 최고라는 현수막이 걸려 있다. 뿐만 아니라 육교는 물론 심지어 가로수까지 현수막으로 치장하고 있다. 도시의 무절제한 현수막은 대표적인 후진국 행정의 바로미터다. 선진국의 품격 있는 도시는 천박한 현수막은 걸지 않는다.
정보의 바다라고 하는 첨단 인터넷시대에 고작 현수막에 광고하는 자치단체나 기업은 이미 경쟁력을 상실했다고 할 수 있다. 특히 불법 광고물을 정비하고 계도해야 할 자치단체가 앞장서서 볼썽사나운 현수막을 걸고 있으니 참으로 안타까운 일이 아닐 수 없다.

자치단체장이 바뀌면 주민을 위한 새로운 사업을 구상하고 지역발전을 위해 내실 있는 청사진을 마련하는 것이 순서일진대 큰 문제없이 오랫동안 쓰고 있던 휘장과 로고부터 바꾸는 행태도 외형을 추구하는 하나의 단면이다. 자치단체장이 바뀔 때마다 자치단체를 상징하는 휘장을 바꾼다면 이것은 웃지 못할 난센스이며 주민에 대한 배려도 아니다. 자치단체장이 아무리 바뀌더라도 지역을 대표하는 상징성과 면면이 이어져 온 지역 정서는 역사와 함께 소중히 지켜가야 할 것이다.

이제부터라도 공직 사회에 실사구시의 신선한 바람이 불어야 할 것이다. 명분을 찾는다는 구실로 부질없는 논쟁을 벌이기보다는 작은 것 하나라도 신속하게 실천하는 공직자의 자세, 요란한 구호로 목소리 높이기보다는 지극히 작은 주민의 소리에도 겸손히 귀를 기울이는 일, 자신의 입신양명을 위해 이곳저곳에 줄을 대기보다는 보이지 않는 곳에서 묵묵히 소임을 다하는 자세, 현란한 말재주로 윗사람으로부터 점수 따기 앞서 땀과 눈물로 주민을 감동시키는 실사구시의 공무원이 되어야 할 것이다.

　듣는 이 없는 데서 삼가며 보는 이 없는 곳에서 정성을 다하는 참 공무원을 이 시대는 요구하고 있다. 자치단체장도 마찬가지다. 선거 때는 실현 가능성도 없는 선심성 공약을 남발하고 당선된 후에는 아무런 책임도 지지 않는 사람은 자치단체장으로서 자격이 없다. 이 시대를 살아가는 대다수 주민들은 작은 것이라도 약속한 것은 아무리 힘들어도 그 약속을 지키는 사람, 화려한 말보다는 겸손히 실천하는 자치단체장을 바라고 있다.

　인도 건국의 아버지이자 비폭력 사상가인 간디는 그의 생애를 통해서 감옥에 있을 때와 단식투쟁, 그리고 병상에 있던 시간을 빼고는 하루도 쉬지 않고 일을 했다는 위대한 실천적 철학자. 그는 인도의 독립을 위한 영국과의 끈질긴 투쟁에서 말보다는 인고(忍苦)의 법칙으로 철저한 자기 희생으로 투쟁했던 위인이다.

　상대방을 설득시키는 명쾌한 논리도 중요하지만 그것을 실천에 옮기는 행함이야말로 더욱 소중하다. 말만 앞세우고 실천이 따르지 않는 것은 꿰지 못한 구슬이요 허공을 쏜 살에 불과한 것이다. 이제는 공직 사회에도 말 잘하는 사람보다 일 잘하는 사람이 대우받고, 외형에 치중하는 단체장보다 주민과 함께 몸소 실천하는 실사구시의 단체장이 존경받는 사회가 되어야 할 것이다.

07 프로는 아름답다

전통적으로 스포츠 세계에서는 프로(professionalism)와 아마추어(amateurism)를 엄격하게 구별해 왔다. 아마추어는 영리를 목적으로 하는 경기가 아니라 운동을 취미로 즐기며 애호하는 정신으로 주로 계급의식과 신사도가 강한 영국의 상류층 사회에서 발전했다.

반면에 프로는 고대 올림피아 경기에서 그 유례를 찾을 수 있으며 시합에서 우승한 선수에게 금전과 물품의 보상이 주어지면서 자연스럽게 형성되어왔고 중세에는 궁중의 귀족과 기사(騎士)들 사이에서 스포츠에 상금을 거는 행위가 일반적이었다.

특히 산업혁명과 자본주의의 발전은 스포츠를 전문직업으로 성립시키는데 결정적으로 기여하게 되었으며 1871년 전국프로야구선수협회를 결성한 미국은 야구와 골프, 테니스, 미식축구 등 프로스포츠를 세계적으로 발전시킨 나라다.

공무원 조직도 스포츠와 유사하게 아마추어와 프로로 구별하는 경향이 있다. 정치적으로 임용되거나 국민이 선출하는 정무직 공무원을 아마추어 정신이라고 한다면 실적과 자격에 의하여 임용되는 경력직 공무원을 프로에 비교할 수 있다.

프로페셔널리즘은 역사적으로 제사(祭祀) 때 제사장이나 연기자 또는 곡예사와 같이 자신의 실력과 특기로 봉사하고 물건을 받는 데서 기원을 두고 있다. 마찬가지로 자격이 인정되어 경력직 공무원으로 임용된 사람은 반드시 자신의 특기 또는 전문지식을 갖춰야 프로라고 할 수 있으며 그것을 국민을 위해 사용할 때 비로소 진정한 의미의 프로급 공무원이라고 할 수 있다. 그러나 간혹 프로정신이 없는, 마치 공직을 취미 정도로 생각하는 공무원이 있어 국민들로부터 불신과 비난을 사는 일이 있다.

프로바둑기사는 비록 상대가 자신보다 실력이 낮은 하수일지라도 한 수 한 수에 피를 말리는 최선을 다한다고 한다. 그리고 어떤 경우에도 정략적으로 대국(對局)을 하는 일이 없다. 챔피언 타이틀을 차지하기 위해서 사각의 링 위에서 얼굴이 피투성이가 된 채 사력을 다해 싸우는 권투선수, 최후의 승리를 위해 인간의 한계를 넘나드는 혹독한 훈련을 하는 선수들을 볼 때에 역시 프로의 세계는 적자생존의 법칙이 지배하는 냉혹한 원색의 밀림과도 같다는 생각이 든다. 그러나 그러한 피나는 자기 연마 뒤에 최후 승자가 차지하는 영광은 무엇과도 바꿀 수 없는 명예와 자부심 그 자체일 것이다.

공직자도 긍정적 의미의 프로근성이 있어야 한다. 맡겨진 업무를 적당히 모나지 않게 하면 자신도 편하고 함께 일하는 사람에게도 부담을 주지 않을 수 있다. 그러나 그것은 정지를 의미하며 정지는 멈춰 있는 것이 아니라 어느 시점에서는 퇴보하는 것이다. 맡겨진 일에 운동선수나 바둑기사와 같은 프로정신으로 끝까지 승부를 거는 업무자세가 자신에게 성취감을 가져다 줄 뿐 아니라 조직에도 긍정적으로 기여하게 된다.

평소에는 조용하다가도 일만 떨어지면 이리저리 뛰어다니며 신이 나는 사람이 있다. 이런 사람을 보면 옆 사람도 덩달아 힘이 솟고 부서에도 활력이 넘친다. 모든 일의 결과에는 반드시 일하는 과정에서 얼마나 정성을 쏟았는가, 기쁜 마음으로 했는가, 몇 번이나 확인하고 점검했는가? 하는 것이 확실하게 나타나는 것이 철칙이다.

공직자 한 사람의 불성실과 사소한 방심이 돌이킬 수 없는 엄청난 사고로 이어진 일을 우리는 수없이 경험했다. 이러한 사고는 직업공무원으로서 기본적인 프로근성을 가졌더라면 충분히 막을 수 있었다는 데서 더욱 아쉬움이 든다.

인감증명 한 장, 건축허가 한 건, 납세고지서 한 장에도 담당공무원의 혼과 정성이 담겨 있어야 한다. 주민들은 그것을 통해서 공무원을 평가하고 정부와 교감하게 된다.

불 속에 갇힌 주민을 구해내고 자신은 미처 빠져나오지 못하고 숨진 소방공무원과 철로에 떨어진 어린이를 구하고 자신은 발목이 잘린 아름다운 철도원, 계속되는 철야근무로 사무실에서 쓰러져 끝내 의식을 회복하지 못하고 숨진 공무원, 이들은 모두가 철저한 프로정신의 공무원들이다.

프로라는 단어에는 장삿속으로 하는, 또는 상습적이라는 부정적 의미가 있는가 하면 전문가, 기술자, 숙련된 직업인 등의 긍정적 의미가 동시에 내포되어 있다. 공직자가 장삿속이 아니라 행정의 전문가, 국민을 위한 서비스 전문가로 다시 태어날 때 국민들로부터 신뢰와 사랑을 받게 될 것이다.

얼마 전 TV에 '열심히 일하는 당신의 모습이 아름답습니다' '당신의 땀이 밴 작업복이 자랑스럽습니다' 라는 광고가 나온 일이 있다. 여성들은 양복 상의를 벗고 셔츠차림으로 열심히 일하는 남성들의 모습이 참 보기 좋다고 한다.

  사람이 열심히 일할 수 있다는 것은 무엇과 비교할 수 없는 행복이다. 일하고 싶어도 일할 수 없게 되었을 때 그때는 후회해도 소용없다. 할 수 있는 지금, 프로선수의 정신으로, 직업공무원답게 자신의 역량을 최대한 발휘할 때 스스로는 만족하고 가족은 행복할 것이며 우리 사회는 더없이 아름다워질 것이다.

08
그래도 희망은 있다

휴대폰 문자메시지를 이용한 수능 부정시험은 나라의 장래가 좌우되는 교육의 문제로 충격 그 자체다. 유명 연예인과 운동선수들이 약물을 이용하여 병역을 면제받고, 경기도 어느 지역의 시장과 그 지역 출신 국회의원은 같은 건설업체로부터 뇌물을 받은 혐의로 수사를 받고 있다.

군장성 진급과 관련된 수사가 장기간 계속되고 있으며, 자동차정비업소에서는 부품상과 짜고 재생부품으로 차량을 수리한 뒤 순정품을 사용한 것처럼 사람의 생명을 담보로 범죄를 하다가 검찰에 구속되었다. 이러한 보도를 접하면 혹시 우리 사회를 지탱하고 있는 도덕률이 붕괴되지나 않을까 하는 심각한 우려를 낳게 한다.

부정한 방법으로라도 대학에 가겠다는 학생들의 장래에 무슨 희망이 있으며 시험 전에 수차례에 걸쳐 부정시험에 대한 구체적인 제보가 있었음에도 적절하게 대처하지 못한 교육행정당국에 우리 국민은 무슨 기대를 하겠는가? 신성한 국방의 의무를 면탈하기 위해서 약물을 복용하고 소변에 이물질을 넣어 검사를 받았다니 이러한 연예인과 운동선수들에게 박수를 보낸 국민이 어리석고 배신감마저 든다. 명예와 사기(士氣)를 생명으로 하는 군에서 그것도 장성 진급에 정당치 못한 방법이 동원되었다면 이것은 군을 신뢰하는 국민과 자식을 군에 보낸 부모를 여간 실망시키는 일이 아닐 수 없다.

자치단체장과 국회의원의 비리는 어제 오늘 일이 아니고 새삼스러울 것도 없지만 이번 사건은 시장이 국회의원 집에까지 가서 건설업체로부터 뇌물을 받았다고 하니 이제 자치단체장과 국회의원의 비리는 갈 데까지 간 것이 아닌가 하는 생각이 든다. 사고로 고장난 자동차를 재생 부품으로 수리해 주고 정품인 것처럼 속인 행위는 단순히 경제사범이 아니라 인명을 경시한 매우 나쁜 사기행위다.

그러나 실망하지 말자. 이렇게 어둡고 부정적인 사회현상은 어느 시대 어느 나라에나 있어왔고 인류가 존재하는 한 앞으로도 있을 것이다. 우리가 희망을 잃지 말아야 할 더욱 중요한 것은 우리의 주위에는 매우 긍정적이며 진취적인 삶을 살아가고 있는 말없는 다수가 있다는 사실이다.

　대다수 청년들은 밤을 새워 진리를 탐구하고 있고 교육자들 또한 올바른 교육과 국가의 밝은 내일을 위해서 방학중에도 쉬지 않고 학생들을 가르치는 한편 연구에 몰두하고 있다. 연예인과 운동선수들도 국위선양을 위해서 이 시간에도 국내외에서 열심히 뛰고 있으며 수조원의 경제효과를 창출한 연예인과 골프선수, 바둑기사가 얼마든지 있지 않는가? 우리 군은 철저한 정신무장과 강인한 전투력을 겸비한 세계적으로 우수한 군대다. 장성 진급비리 문제는 이번 기회에 사실유무가 철저하게 규명되어 오히려 더욱 깨끗하고 신뢰받는 군으로 거듭나는 계기가 될 것이다.

　사건이 날 때마다 전국의 자치단체장과 정치인 모두가 한결같이 부패한 것 같지만 그렇지 않다. 대다수 자치단체장과 국회의원들은 국민을 위해서 헌신봉사하고 있으며 특히 정치자금과 관련해서 깨끗하지 못했던 16대 국회를 끝으로 17대 국회에서는 국회의원들의 자세가 놀라울 정도로 변하고 있다. 자동차를 직접 운전하여 출퇴근하는 국회의원이 있는가 하면 의원회관에서 밤을 지새며 시민단체와 열띤 토론을 벌이는 초선의 젊은 의원들이 우리에게 희망을 주고 있다.

　자치단체장 본인은 물론 가족과 비서가 이권과 관련해서 금품을 수수하다가 법의 심판을 받은 사례가 비일비재하지만 아직도 자치단체장과 관련된 비리가 끊이지 않고 있는 것은 우리나라 지방자치의 내일을 어둡게 하고 있다.

시장개방의 압력 속에 인건비에도 못 미치는 농사지만 그래도 농토를 지키며 말없이 농사를 짓는 농부, 한 대라도 더 수출하기 위해서 연휴도 반납하고 생산라인을 멈추지 않는 수출 역군, 어느 곳을 보아도 한 점의 땅도 보이지 않는 망망대해에서 고기를 잡는 원양 어부, 세계 각지에서 우리의 상품을 알리기 위해서 구슬땀을 흘리는 바이어, 세계 최첨단 제품개발을 위해서 밤이 늦도록 불을 밝히는 연구원들, 이들은 모두가 말이 없다. 누가 알아주거나 말거나 자기의 직분에 최선을 다하는 것이다. 말없는 이들의 땀과 정성이 모아져서 나라가 발전하고 우리 사회에 아름다운 향기가 나는 것이다.

우리는 지극히 일부를 미루어 전체를 판단해 버리는 우를 범하기 쉽다. 세상에는 부정적인 면보다 긍정적인 면이 훨씬 많고 나쁜 사람보다 좋은 사람이 월등하게 많다. 보이는 것보다 보이지 않는 부분이 더 크고 중요할 수 있으며 높은 자리에 앉아 목소리 높이는 사람보다 보이지 않는 곳의 말 없는 다수가 사회를 지탱하는 소중한 역할을 하고 있다. 그래서 우리에게는 희망이 있고 오늘도 사회는 발전하고 있는 것이다.

찬란한 건축은 이름 없는 한 장 한 장의 벽돌을 쌓아 이룩하며, 아름다운 꽃다발 역시 한 송이의 꽃으로 되는 것이 아니라 여러 송이의 꽃을 모아서 만든다. 보이지 않는 곳에 묻혀 있는 한 장의 벽돌, 한 송이의 꽃은 우리의 가슴에 희망을 심어주는 소중한 보물이다.

09 행정에도 전문가가 필요하다

 사회는 하루가 다르게 분화(分化)되고 있다. 과거 단순하고 동질적이었던 사회구조가 급속도로 다기능적이고 이질적으로 전문화되면서 변화를 거듭하고 있다. 기업 역시 신발에서 자동차까지 일관으로 생산하고 수출하던 종합상사는 경쟁력을 상실하면서 이미 자연스럽게 해체되었으며 컴퓨터 프로그램 하나의 세계 굴지의 신흥재벌이 등장하는 시대가 되었다. 따라서 사람의 전문가화와 직업의 전문화, 기업의 전문화는 피할 수 없는 현실로 우리 앞에 다가 왔다.

 그러나 우리나라의 행정문화는 조선시대 권위주의적 관료제와 일제 강점기 억압적 통제체제를 거치면서 일반 행정가(Generalist)가 전문 행정가(Specialist)보다 우위에 있는 즉, 전문 행정가가 상대적으로 홀대받는 바람직하지 못한 관행이 오늘에까지 이어져 내려오고 있다. 이러한 현상은 사회가 분화되기 이전에는 보편적으로 인식되어 왔지만 소위 지식산업사회, 정보화시대인 오늘에는 공공조직이 기업의 수준을 따라가지 못하는 결정적인 걸림돌로 작용될 뿐이다.

공직에서 전문 행정가가 양성되지 못하고 기왕의 소수 전문가마저 정당한 평가를 받지 못하고 있는 원인은 여러 가지 있겠으나 그 중에서도 특히 공무원 순환보직 인사제도는 전문 공무원 양성을 가로막는 제도적 문제점이다.

한 사람의 공직자에게 다양한 업무를 맡아 보도록 해서 직무능력을 향상시킨다는 본래 의미의 순환보직제도는 잘못 운영될 경우 결국 한 가지 업무도 정통하지 못하는 공무원을 만들기 쉽고 심한 경우에는 업무를 파악하고 능률을 올릴 때쯤 되면 다른 부서로 인사이동되는 순환보직의 역기능을 초래하기도 한다. 뿐만 아니라 순환보직이 공무원들을 선호 부서와 기피 부서 간에 주기적으로 교체하는 방편으로 이용되거나 장기근무로 인하여 발생할 수도 있는 부정행위 방지를 위한 소극적 인사수단으로 쓰일 수도 있다.

서울시청에는 무려 15년간을 도시계획 한 분야에서만 근무한 사람이 있었다. 그 사람은 도시계획의 전문가로서 그 부서의 모든 직원이 바뀌어도 유일하게 남아서 서울시의 도시설계를 위한 흔들림 없는 원칙을 지키고 있는 것이다.

이렇듯 지방자치단체에도 반드시 전문행정가가 필요하다. 문화행사를 수준 높게 진행할 수 있는 이벤트 전문가, 의전의 원칙과 절차에 정통한 의전 전문가, 자치법규의 제정과 개정 그리고 소송수행 전문가, 장애인복지 전문가, 폐기물처리 전문가, 주택재개발 전문가, 가로환경정비 전문가 등 자치행정의 모든 분야에 전문가가 있어야 양질의 행정 서비스 창출이 가능하다.

전문 공무원을 양성하기 위해서는 인사운영의 신축성과 적극적 인사행정이 요청된다. 한 직위에 일정기간 근무했다는 이유로 무조건 인사이동을 시킬 것이 아니라 보임하기 전부터 그 사람의 적성과 전공 그리고 경력 등을 면밀하게 분석해서 적합한 직위에 배치하여 각자의 능력을 최대한 발휘할 수 있도록 해야 한다.

다음으로 전문가가 우대받는 인사제도가 마련되어야 한다. 전문가로 특정 직책에 장기간 근무한 사람에 대해서는 전문수당을 지급하는 방안과 경력평점에 전문가점을 부여하는 방안도 긍정적으로 검토해 볼 필요가 있다. 인사행정에는 정도가 없다. 사람을 많이 아는 것, 그리고 소속 직원 한 사람 한 사람의 품성과 재능을 정확히 파악하는 것이 인사행정의 가장 값진 자료가 되는 것이다.

공직자가 빠른 변화를 요청하는 시대의 흐름을 읽지 못하고 현실에 안주하거나 한 가지도 확실하게 할 줄 모르는 일반 행정가로서는 공공조직에서 자기를 실현할 수 없다. "그 일만큼은 그 사람이 최고다."라고 자타가 인정할 수 있도록 한 분야에서 만이라도 최고의 소리를 들을 수 있는 전문가가 되어야 자기 발전도 있고 자치행정도 발전할 수 있다.

10
공무원노동조합법이 제정되어도 아무 걱정 없다

　일부 지방자치단체의 민원담당 공무원들이 점심시간에 민원업무를 중단한 데에 대해서 찬반 여론이 분분하다. 점심시간 업무 중단을 주장하는 공무원들은 대통령령인 공무원복무규정에 12시부터 오후 1시까지를 점심시간으로 정하고 있음으로 이를 준수하는 것은 당연할 뿐 아니라 오히려 지금까지 아무런 법적 근거도 없이 관행으로 점심시간에 근무를 시켜온 것은 잘못이라는 것이다. 반면에 일부 국민들은 나라 경제도 어려운 이때에 공무원들이 점심시간에 근무를 안 하겠다는 것은 지나친 이기주의라고 비판하고 있다.
　이번 일의 발단은 행정자치부가 지방공무원복무조례 개정지침을 시달하면서 공무원의 연간 연가 일수를 23일에서 21일로 2일 줄이고 동절기 퇴근시간을 오후 5시에서 오후 6시로 1시간 연장하는 것과 건전한 내부 고발자를 보호해야 함에도 오히려 비밀엄수 조항을 신설해서 내부고발문화를 원천봉쇄했다는 데서부터 시작되었다. 뿐만 아니라 현재 입법 중인 공무원노동조합법에 공무원의 단체행동권을 인정하지 않도록 하고 있어서 정부와 공무원노동조합간에 갈등이 계속되고 있다.

현행 공무원직장협의회의 설립·운영에 관한 법률에 근거하여 정부 각 행정기관과 지방자치단체에는 직장협의회라고 하는 실질적 의미의 공무원노동조합이 설립·운영되고 있다.

공무원노동조합은 근무환경 개선과 업무능률 향상, 그리고 소속 공무원의 고충사항을 기관장과 협의할 수 있으며 기관장은 노동조합의 요구사항에 성실히 임해야 하며 합의사항에 대해서는 이행에 최대한 노력해야 한다고 법에서 명시하고 있다. 그러면 과연 기관장은 이 법이 정한 규정을 성의 있게 지키고 있는가? 불행하게도 상당수 자치단체장을 포함한 기관장은 노동조합을 마치 조직 내 훼방꾼이나 극렬 노동운동자 정도로 생각하고 있어 매우 안타깝다.

공무원노조는 일반 노동조합과는 달리 신분과 업무의 특성상 노동자로서 많은 권리를 제한하고 최소한의 활동만 허용되고 있다. 물론 공무원노조의 출범이 아직 일천하기 때문에 운영에 있어 미숙한 면도 있지만 공무원노조가 추구하는 가치는 결국 근무환경의 개선과 업무능률의 향상을 통해서 국가와 지방자치의 발전에 있는 만큼 자치단체장은 공무원노조를 귀찮은 존재로 생각할 것이 아니라 오히려 노조활동을 적극 지원하고 요구사항을 긍정적으로 검토·해결해야 할 것이다.

  모 구청 공무원노조에서는 구 소속 여성공무원 성추행 혐의를 받고 있는 구의원에 대해서 법원의 최종 판결 시까지 의회 등원을 반대하는 성명을 발표하고 급기야 실력으로 의회 등원을 제지시킨 일이 있다. 또 어느 구청에서는 인사 청탁과 관련하여 금품제공 혐의로 구속되어 유죄 판결을 받은 간부에 대해 끈질긴 출근 저지 시위가 있었으며 결국 그 간부는 면직된 일이 있다. 이것은 공무원노조가 단순히 자신들의 근무조건 개선만이 아니라 외부로부터 부당한 압력과 권리침해를 거부하고 내부의 부조리를 차단하는 등 능동적 기능을 한 것으로 앞으로 공무원노동조합이 공직 사회를 한층 더 성숙시키는데 크게 기여할 것으로 평가받고 있다.

  그러나 아직 상당수의 국민들이 공무원노동조합 설립과 단체행동권보장에 대해서 우려하고 있는 것이 사실이다. 유럽의 여러 나라에서는 이미 오래 전에 시행하고 있는 제도일 뿐 아니라 우리나라가 선진국으로 가기 위해서는 반드시 거쳐야 할 하나의 과정임에도 아직 우리 사회는 그리 성숙되지 않은 것 같다.

통행금지를 해제하면 휴전선에서 남북이 대치하고 있는 특수한 상황에서 국가안보와 치안에 커다란 구멍이 뚫릴 것으로 우려했지만 그것은 기우에 지나지 않았고, 중·고등학생들의 교복과 두발을 자율화하면 학생들의 탈선이 심각할 것이라고 많은 사람들이 반대했지만 자율화된 지금 그렇게 큰 문제는 없다.

공무원들에게 단체행동권을 인정하면 명분 없이 수시로 파업해서 국가경쟁력이 떨어질 것으로 우려한다면 그것은 현실을 모르는 말이다. 현재 공무원노동조합에 가입할 수 있는 우리나라의 공무원은 대부분 몇 십대 일의 높은 경쟁을 뚫고 임용된 우수인력이다. 그들이 명분 없이 단체행동을 하지 않을 뿐 아니라 사기업노조와 연계해서 극한 투쟁을 벌이지도 않을 것이다.

베트남 군인들은 치열하게 전투를 하다가도 점심시간에는 정확하게 현재의 전선에서 휴전을 하고 점심 먹고 오침까지 한 다음 다시 전투를 시작한다. 공직자들에게 점심시간도 주지 않으면서 무조건 희생과 봉사만을 강요하던 시대는 지났다. 이제는 공무원의 기본적 인권을 존중하고 열심히 일할 수 있는 동기를 부여해 줌으로써 그들이 국가 발전에 중추적 역할을 할 수 있도록 해야 할 때가 되었다. 아울러 공무원노동조합법을 발전적으로 제정해서 공무원들의 건전한 노조활동을 보장해야 할 것이다.

11
행정의 인간성 회복이 시급하다

행정은 사회의 여러 분야에서 무수히 작용하고 현상으로 나타난다. 국가와 지방자치단체가 행하는 공행정과 기업이나 교회, 사적 목적으로 설립된 조합, 동창회, 계모임 같은 데서 이루어지는 사행정도 있다.

이러한 수많은 행정작용이 공행정(公行政, Public administration)과 사행정(私行政)으로 크게 구별되는 것은 권력성의 존재 여부와 평등원칙의 강약에 있다. 사행정은 다수의 객체를 반드시 평등하게 대할 이유가 없다. 물론 사회통념과 상규, 그리고 신의, 성실의 원칙에 어긋날 경우 사회적 지탄의 대상은 되겠지만 그로 인하여 바로 위법하거나 무효라고는 할 수 없다.

그러면 국가나 자치단체의 행정은 어떠한가? 공행정의 특성은 우선 공익을 실현하기 위한 하나의 수단이며 정치적 환경 속에서 수행된다. 그리고 때로는 사회체제를 유지하고 통제하는 기능도 한다. 그러다 보니 공행정은 작용과정에서 반드시 권력을 수반하게 되며 모든 주민에 대하여 법 앞에 평등이라는 규범이 강하게 적용된다. 그러나 이러한 행정의 권력성과 법 앞에 평등사상이 오늘날에는 행정문화를 경직시키고 행정인의 인간미를 빼앗아 버렸다.

정부 행정은 모든 국민을 차별하지 않고 평등하게 대하는 것이 이상적이다. 그러나 그 평등이 문자 해석식의 평등일 때 오히려 역기능을 초래할 수 있으며 동일하지 않은 것을 같이 취급해 버리는 우를 범할 수 있다.

민원창구에 많은 주민들이 차례를 기다리며 줄을 서 있을 때 그 속에 거동이 불편한 장애인이나 노약자가 서 있어도 담당공무원이 순서만을 고집한다면 이것은 진정한 의미의 평등이 아니다. 특성이 다른 것, 즉 조건이 다른 것은 다른 원칙을 적용하는 것이 평등이 지향하는 가치다. 그래서 최근에는 형평성이 등장하고 있는데 형평은 글자그대로 저울로 달아서 같은 무게는 같이 다룬다는 뜻이다. 장애인과 노약자, 임산부전용 민원창구가 생긴 것도 이러한 맥락이다.

행정에도 인간미가 있어야 한다. 행정기관에 허가를 받으러 왔던 주민이 허가를 받지 못하고 되돌아가면서도 담당공무원의 인간적인 태도와 허가를 해 줄 수 없는 자상한 설명에 감동되어 오히려 흐뭇해서 돌아가기도 한다.

지방세 납기가 지나기 무섭게 독촉장과 가산금통지서를 내보낸다든지, 차를 세워놓자 마자 소위 딱지 떼고 어디론가 황급히 사라져 버리는 일도 어찌 보면 법과 규정에는 적합한 행정이다. 그러나 납기 마감 전에 한 번 더 납기를 알려주는 것, 주차위반을 단속하기 전에 예고나 계도하는 것이 오히려 행정 목적 달성에 더 합리적일 수 있으며 인간적이기도 하다.

행정에도 법규 이전에 인간성이 존중되어야 한다. 1990년대 중반 이후 지방자치단체에도 행정의 전산화가 빠른 속도로 진행되었다. 최근에는 종이문서는 거의 자취를 감추고 전자문서, 전자결재가 완성단계에 있다. 그러다 보니 이제 공무원들이 결재판 들고 윗사람 찾아다니며 결재받을 일이 없어졌다. 컴퓨터에 기안해서 바로 결재권자에게 띄우면 된다. 그러나 행정의 전산화는 필연적으로 행정 공간을 삭막하게 만들고 개인주의를 팽배하게 하고 있다. 동료간의 정담도 상하간의 관심과 보살핌도 이제는 옛날 일이 되어 버렸다. 기안해서 올렸으니 알아서 하라는 식의 생각, 물론 틀린 말은 아닐진데 그러나 아무리 행정문화가 빠르게 변한다 해도 우리의 정서와는 거리가 멀다.

지방의원과 자치단체 공무원과의 관계도 평소에 상호 인간적이며 예의가 지켜진다면 이상적인 관계가 될 수 있다. 지방의원은 주민의 대표라는 명예가 존중되도록 공무원들이 예의를 갖춰야 할 것이며 협조가 필요한 사안은 솔직하게 마음을 터놓고 지원을 요청한다면 아무리 견제하고 감시하는 위치에 있다 하더라도 명분 없이 반대만은 하지 않을 것이다. 반면에 지방의원도 자치단체공무원의 인격을 존중해 주고 상대방의 입장을 긍정적인 시각으로 볼 필요가 있다. 이러한 일들은 사소한 것 같지만 행정의 인간화를 이루어 나가는 하나의 과정이다.

자치행정을 감싸고 있는 내외의 환경이 그리 쾌적하지만은 않다. 선거 때마다 살아남기 위한 처절한 줄서기, 당당하게 실력으로 겨루지 않고 금품으로 직위를 사 보려는 매관매직 공무원, 단체장이 바뀔 때마다 기존의 틀을 깡그리 무시하고 새 판 짜는 자치단체, 이러한 것들이 우리를 슬프게 한다. 그러나 현실이 아무리 삭막해도 사람 사는 향기가 그윽하고 정의가 강물처럼 흐르는 아름다운 공직 사회를 만들어 행정의 인간성을 회복해야 할 것이다.

12

전임자가 한 일은 무조건 싫다

사람은 처한 위치와 상황에 따라서 생각과 판단도 판이하게 달라질 수 있다. 입장이 바뀌더라도 본질적인 사유(思惟)는 변하지 않는 것이 이상적이지만 많은 사람들은 그렇지 않고 특히 지방자치에도 입장에 따라 태도가 돌변하는 사람들이 많이 있어서 자치단체의 주요시책이 사람에 따라 춤을 추는 웃지 못할 형상이 벌어지기도 한다.

서대문구의 진산(鎭山)이라고도 하는 해발 295.4m의 안산은 익히 알려진 대로 조선조 초 한양 천도 시 도읍지로 물망에 올랐던 역사적 명산이며 지금의 동신병원 뒤편의 깎아지른 듯한 절벽은 서울의 낙화암이라고도 불렸다.

안산 정상에 올라서면 손에 잡힐 듯 도심 속의 명찰 봉원사가 한눈에 들어오고 그 옆으로 한국사학의 명문 연세대학교와 이화여자대학교가 사이 좋게 자리를 잡고 있다. 무악재를 넘어 통일로로 이어지는 도로는 그 옛날 우리 민족이 북방으로 진출하는 주요 통로였다. 토질이 좋은 남서쪽은 수목이 울창하고 대부분 편마암으로 구성된 동북쪽은 군데군데 바위가 수줍은 듯 얼굴을 가리고 있다.

이렇게 아름다운 산, 서대문구의 산소공장이요, 허파라고 할 수 있는 안산을 몇 해 전까지만 해도 서대문구나 서울시는 수십 년간을 아무런 관심도 없이 방치하다시피 했다. 서울시는 서울 정도 600년을 즈음하여 남산을 살리기 위해 무려 수백 억의 예산을 투입하여 외국인 아파트를 철거하고 한옥마을을 새로 만들었다. 식물원에서 정상으로 올라가는 계단은 잘 다듬어진 돌을 깔고 곳곳에 정자를 세워 시민들을 편히 쉬게 해 놓았다. 안산과 비교하면 천양지차를 느낀다.

1995년 민선 자치가 출범하면서 서대문구에서도 주민들이 구청장을 직접 뽑았다. 주민의 손으로 뽑힌 구청장은 안산을 남산 못지않게 제대로 가꿔서 주민들에게 돌려줘야 한다는 생각으로 우선 울퉁불퉁하고 비만 오면 흙탕물이 뒤범벅되었던 샛길을 인도와 자전거도로, 차도로 구분해서 마사토와 돌을 깔아 숲길로 만들고 그 주변에는 야

생화를 심었으며 한국의 명시 여러 편을 바위에 새겨 시비(詩碑)가 있는 숲길로 가꿨다. 조류보호협회의 지원을 받아 황조롱이와 소쩍새 그리고 꿩도 방사하였다.

안산 정상에서 발원한 물줄기가 홍제천으로 흐르는 계곡, 연희동산 2번지 일대는 얼마 전까지만 해도 골프장이 있었던 곳으로 아름드리 벚나무가 숲을 이루고 골짜기에는 잔디가 곱게 자라고 있는 공원과도 같은 곳이다. 이곳에 H주택에서 16층 아파트 10개 동 632세대에 달하는 대규모 아파트 사업승인을 신청했고 1996년 마지막 허가 단계에서 당시 이정규 서대문구청장이 사업승인보다는 주민의 환경권 보호가 우선이라는 결연한 의지로 사업승인을 거부해 버렸다. 그 후 사업주 측과의 밀고 당기는 치열한 쟁송과정에서 대법원이 최종적으로 구청장의 손을 들어주었고 이곳에 자연사박물관과 형무소역사관을 연계하는 안산문화쉼터공원 조성계획을 수립했었는데 지금은 어찌되었는지 궁금하다.

안산에 숲길을 만들고 아파트 사업승인을 거부할 때 자연은 생긴 그대로 놔두는 것이 최선이라며 목소리 높여 반대하던 사람들, 골프장에 아파트 들어서면 그 일대가 더욱 좋아진다며 앞장서서 허가 내줘야 한다고 주장하던 사람들은 지금도 그때의 그 주장을 그대로 하고 있을까? 그때그때 입장에 따라 달리 판단하기보다는 사물의 본질을 보아야 할 것이며 누가 하니까 싫고 누가 하니까 좋다는 식의 감성적 판단보다는 사람의 호불호를 떠나 사물을 냉철한 이성으로 판단해야 할 것이다.

안산이 좋아서 서대문구를 떠나지 못하고 수십 년째 살고 있다는 주민, 인근 마포구는 물론이고 멀리 목동에서까지 매일 찾아오는 사람들, 이제 안산은 서대문구민만의 산이 아니라 서울시민의 산이 되었다. 이렇게 많은 사람들로부터 사랑받는 산으로 가꾸기까지 그 뒤에는 바른길을 걸어갔던 우직한 구청장이 있었다는 것을 역사는 기록하고 있을 것이다.

봄이면 안산은 아름다운 꽃이 피고 여름이면 이름 모를 새들이 노래하는 어머니의 품과 같이 아늑한 산이다. 지난 봄 어느 날 밤에는 소쩍새가 그리도 구슬피 울어 지금은 어디에 있는지 소식도 없는 그 옛날 어린 시절 한 동네에서 함께 자랐던 소녀가 몹시도 그리웠다.

13

공직 내부에서 쓰고 있는 엉뚱한 말

　일상생활에서 자주 쓰고 있는 말 가운데 무심코 본래 의미와 전혀 다르게 사용하고 있는 말이 있는가 하면 상황에 적합하지 않는 말을 쓰는 경우가 자주 있다. 특히 행정기관과 신문·방송 등 보도매체의 이러한 사례는 그냥 웃어넘길 일 만은 아니다.

　인간관계에 있어서 상대방을 축하해 주어야 할 일도 있고 때로는 위로해 줘야 할 때도 있다. 기쁜 일에는 당연히 축하해 주고 슬픈 일이나 어려운 일을 당한 사람에게는 위로해 주기 마련이다. 결혼식에 가면 축하하고 문상을 가게 되면 위로의 말을 하는 것이 바른 인사법이다.

　경사를 축하할 때에 '축하'라는 말 대신 '치하'라는 말을 쓰기도 한다. 치하(致賀)는 남의 경사를 사례하는 말로 '승진을 치하합니다' '개선을 치하한다' 등과 같이 쓴다. 그런데 상당수 행정기관의 유인물이나 신문과 방송 등에서 '노고를 치하했다' 라고 잘못 사용하는 경우가 많이 있다. 노고는 '수고스럽게 애쓰는 것' 을 뜻하는 말이다. 그러므로 노고는 축하나 치하할 일이 아니라 '위로하고 격려해야 할 일' 이다. 올림픽에서 공을 세우고 돌아온 선수들은 노고를 위로하고 개선을 치하한다고 해야 바른 어법이다.

부하직원이 퇴근하면서 상사에게 "수고하세요."라는 인사말을 하는 경우도 있다. 수고 또한 편안한 것이 아니라 힘들고 고통스러운 것이므로 아랫사람이 먼저 퇴근하면서 윗사람에게 건네는 인사말로는 적절하지 않다. 사장이 퇴근하면서 야근하는 직원들에게 '나 먼저 퇴근하네. 수고들 하게." 할 때나 쓰는 말이다.

남에게 자기의 부모를 지칭하면서 '아버님' '어머님' 이라고 하는 사람이 의외로 많다. 일반적으로 혈연관계에 있는 제3자를 가리켜 말할 때에는 '님' 자를 쓰지 않는다. 그러나 부모님이 이미 작고하였거나 며느리가 시부모를 호칭할 때에는 '님' 자를 붙이는 것이 원칙이다.

최근 TV에 출연한 어느 대학교수와 인기연예인이 시종일관 '저희 나라' 라고 해서 시청자들로부터 빈축을 산 일이 있다. 국가는 말하는 사람 개인 소유물이 아니기 때문에 상대방에게 낮추거나 겸양의 대상이 아니다. 이와는 반대로 자기 성명을 상대방에게 말하면서 이름자 끝에 무슨 자(字), 무슨 자(字)라고 하는 사람이 있다. 이름자 끝에 자(字) 자를 붙이는 것은 부모나 스승과 같이 함부로 이름을 부르기 어려운 분의 이름을 높여 부를 때 쓰는 말이다. 적절하지 않은 경어를 쓰면 듣는 사람이나 읽는 사람에게 오히려 실례가 된다.

행정기관에서 허다하게 잘못 쓰는 말 가운데 '말씀이 계셨다' 는 말이 있다. "시장님 지시 말씀이 계셨다." "이어서 구청장님 말씀이 계시겠습니다."라고 생각 없이 쓰고 있는데 잘못된 말이다. 말씀은 인격체가 아니다. 고로 말씀은 계시는 것이 아니라 있는 것이다. 말씀이라는 말 자체가 말한 사람에 대한 예의를 충분히 갖춘 것이다. 말씀이 계시다는 말은 '구청장님 자동차가 주차장에 계십니다' 와 같이 우스꽝스러운 말이 되고 만다.

감독과 감시는 엄격하게 그 의미가 구별된다. 감독은 상하관계 즉 상급기관이 하급기관에 또는 상급자가 하급자에 대하여 갖는 일반적 통제수단이다. 반면에 감시는 대체로 대등한 관계에서 상호 견제하는 수단으로 쓰인다. 지방의회가 자치단체를 감독하고 지방의원이 자치단체 소속 공무원을 감독한다고 말하는 사람들이 많이 있는데 이는 지방자치의 기본이념을 제대로 이해하지 못한 데서 오는 오류다. 자치단체와 지방의회는 상하관계나 감독, 피 감독관계가 아니라 상호 견제와 균형을 요하는 대등한 관계다. 물론 자치단체 소속 공무원에 대한 감독권은 자치단체장에게 있다. 오히려 우리나라처럼 기관 대립주의의 자치형태를 취하고 있는 국가에서는 실질적으로 자치단체가 지방의회의 우위에서 기능을 하고 있는 것이 현실이다.

사람은 자신의 생각을 적절한 말로 표현하기 어렵고 나아가 하고 싶은 말을 잘 정리된 글로 나타내기는 더욱 어렵다고 한다. 공직자가 훌륭한 연사나 품격 있는 문사는 못되더라도 심하게 틀린 말은 쓰지 않는 것이 좋을 것이다.

공무원이 죽어야 나라가 산다

14
자치단체장의 거꾸로 일하기

 서대문 네거리에서 의주로를 따라 북쪽으로 한참 가다 보면 무악재 마루턱 바로 못 미처에 우리나라 근·현대사의 아픔을 그대로 간직하고 있는 서대문형무소역사관이 자리 잡고 있다.
 서대문형무소는 일제가 우리의 국권을 송두리째 빼앗은 한일합방 2년 전인 1908년에 경성감옥으로 문을 열어 일제의 침략에 항거하던 수많은 애국지사들을 투옥시키고 모진 고문을 자행했던 우리 민족의 한이 서린 역사의 현장이다.
 이곳은 유관순 열사를 비롯해서 강우규·이강년·안창호 선생 등 400여 분의 애국지사가 처형당하거나 고문을 견디지 못하고 끝내 옥사한 곳이다.

1987년 당시 서울구치소가 경기도 의왕시로 이전하면서 역사적 가치가 있는 사형장과 악명 높았던 보안과 청사, 그리고 중앙사를 비롯한 옥사 3개 동을 사적 제324호로 지정해서 존치시키고 나머지 터는 공원을 만들었다. 그 후 서대문형무소는 정부나 서울시, 관할구청은 물론 누구 한 사람의 관심도 없이 사실상 방치되어왔으며 역사인식과 문화의식이 없는 권위주의 정권 시절에는 도심 한복판에 무슨 형무소냐며 헐어 버리고 아파트나 지어야 한다는 말이 나오기도 하였다.

그러다가 1995년 중단된 지 무려 40여 년 만에 역사적인 민선 지방자치가 재개되어 서대문구 초대 민선 구청장에 당선된 이정규 구청장은 취임하자 마자 이곳을 둘러보고 일제의 잔혹사를 그대로 간직하고 있는 생생한 독립의 현장을 들쥐가 들끓고 온갖 쓰레기가 뒤범벅된 채 방치하고 있는 것은 애국지사와 민족 앞에 씻을 수 없는 죄를 짓는 것이라는 결연한 의지로 이곳에 성역화사업을 추진하게 된다.

사업 초기에는 수많은 반대자를 설득하는 것도 어려웠고 중앙정부와 서울시의 재정지원을 얻어내는 것도 결코 쉬운 일이 아니었다고 한다. 그러나 하늘은 스스로 돕는 자를 돕는다는 진리와 같이 이정규 구청장의 땀과 눈물겨운 노력의 결실로 정부와 서울시의 전폭적인 지원 아래 서대문형무소역사관 성역화사업은 무려 국·시비 30여 억 원을 투입하여 3년간의 대역사(大役事) 끝에 드디어 1998년 11월 5일에 전시관과 영상실·자료실·체험관을 갖춘 서대문형무소역사관으로 다시 태어나게 된다.

서대문형무소역사관은 단순히 지난날 암울했던 역사의 현장만이 아니다. 21세기 새로운 시대에 한일 양국간의 발전적 관계정립과 우리 후손 대대로 민족의 정체성을 일깨우는 역사의 산교육장이 될 것이다. 역사교과서 왜곡과 관련하여 한일관계가 매우 불편했던 2001년 10월 15일에는 일본의 고이즈미 총리가 스스로 이곳 서대문형무소역사관을 찾아와서 과거 일본의 우리 민족에 대한 과오를 국민 앞에 참회하고 이정규 구청장의 요청으로 방명록에 '사무사(思無邪)'라는 의미 있는 글을 남기고 갔다. 최근에는 한일 양국 의원과 시민단체대표로 구성된 아시아평화연대 회원들이 이곳 추모비에 헌화, 묵념하기도 했다.

이제 서대문형무소역사관은 지난날 조국을 빼앗긴 질곡의 역사현장을 뛰어넘어 새로운 미래를 창조하는 희망의 땅으로 한 단계 승화되었다. 양식 있는 구청장 한 사람의 의지로 자칫 역사의 뒤안길로 사라져 버릴 수밖에 없었던 소중한 정신적 유산을 외롭게 지킨 하나의 사건인 것이다.

그런데 서대문구는 구청장이 바뀌면서 그동안 구에서 직접 운영하고 관리하던 서대문형무소역사관을 서대문구도시관리공단에 위임하여 관리하게 하였다. 서대문형무소역사관의 성격과 기능이 과연 도시관리공단에서 운영하는 것이 가장 적합한지에 대해서 전문가의 신중한 검토와 주민들의 폭넓은 의견을 수렴하여 결정했는지 심히 의심스럽다.

공단(公團)은 행정의 능률화를 목적으로 하는 법인격의 공기업이다. 공단에서는 주로 물자의 집하(集荷)와 매매, 토목시설의 건설 또는 대여 등 사업적 기능을 하게 되며 그 구체적인 예로 공영주차장과 체육관 관리, 농수산물시장 또는 하수처리장 관리를 맡게 된다. 즉, 시설물 관리가 주된 기능이다.

서대문형무소역사관은 단순한 물적 시설만이 아닌 역사적 가치가 있는 사적(史蹟)이며 우리 민족의 독립의 혼과 애국지사의 넋이 깃든 정신적·현상적 결합체다. 국가지정문화재를 정부가 별도의 공단을 설립하여 관리하지 않고 차관급 중앙행정기관인 문화재청에서 직접 관리하는 것도 그럴만한 충분한 이유가 있기 때문이다.

문화예술을 단순 계량화하여 수지타산의 대상으로 삼거나 능률성 위주로 판단하는 것은 대단히 위험한 발상이다. 재정부담을 감수하면서라도 자치단체가 직접 담당해야 할 분야가 있고 상당한 수준의 수익이 수반되더라도 자치단체가 직접 해서는 안 되는 사업이 있다.

사람은 누구나 전임자가 이룩해 놓은 업적을 의도적으로 무시하거나 깎아내리려는 잘못된 습성을 가지고 있다. 그러나 지방자치에 있어서는 아무리 전임자가 한 일이라도 좋은 점은 계승하고 확대 발전시켜야 그 자치단체에 희망이 있다.

　모름지기 공직자는 현재 자신의 판단과 결정이 과연 주민과 지역에 유익한지 아니면 해가 되고 있는지를 단계마다 깊이 헤아릴 줄 아는 지혜가 있어야 한다. 아울러 재직중의 행위는 원하든 원치 않던 반드시 역사에 기록되고 공과에 대한 냉엄한 평가도 뒤따르는 것은 명심해야 할 것이다.

15

공직은 개인을 위한 것이 아니다

 공적인 직무 즉, 공직은 공무원 자신을 위해 부여된 것이 아니라 국민을 위하여 주어진 직책이다. 대통령은 국가와 국민에게 봉사하는 직책이고 자치단체장은 주민을 위하여 봉사하라고 주민이 뽑은 것이다. 직위는 대통령이나 시장, 구청장과 같이 책임자만이 갖는 것이 아니라 구청의 지방세 부과담당, 동사무소의 인감담당도 바로 그 담당이 직위인 것이다.

 국가나 지방자치단체가 자연인인 사인을 공직에 임용하고 직위를 부여하는 것은 정부를 대리해서 또는 자치단체를 대리해서 공무를 분담시킨 것인 만큼 공무원은 각자의 직위를 통해서 국가를 이롭게 하고 국민에게 복이 되도록 해야 할 책임이 있다.

그런데 간혹 직위를 자신의 사익에 이용하거나 스스로 행세하는 도구로 사용하는 공직자가 있어 사회의 지탄을 받고 있다. 과장은 과장이라는 직책을 통해서 부서가 지향하는 목표를 설정하고 목표달성을 위해서 소속 직원들이 열심히 일할 수 있는 동기를 부여하는 한편 직무에 전념할 수 있도록 후생복지를 책임져야 하는 것이다. 지방세 부과담당은 그 권한을 가지고 주민 위에 군림하거나 과세권을 멋대로 사용하라는 것이 아니라 법령과 조례의 근거에 의하여 공정하게 세금을 부과하고 잘못 부과된 세금은 신속하게 취소하는 등 직위를 주민을 위해 쓰라고 준 것이다.

건축담당 공무원의 존재 이유는 두 말할 나위 없이 주민들이 편리하게 집을 지을 수 있도록 하기 위해서 있는 것이지 절차를 내세워 까다롭게 하기 위해 있는 것이 아니다. 마찬가지로 위생담당 공무원도 양질의 음식 서비스를 통해서 주민의 생활을 윤택하게 하는 동시에 음식업의 성장을 지원해야 할 책임도 가지고 있다. 그러나 집짓기 힘들고 음식점 허가내기 어렵다는 서민들의 불만은 예나 지금이나 크게 변함이 없으니 과연 공직자들이 자신의 직위를 주민의 유익을 위해서 얼마나 긍정적으로 사용하고 있는지 알 수 없다.

자치단체장도 마찬가지다. 주민의 선거로 당선되었으니 임기 동안은 내 책임 아래 내 마음대로 한다는 식의 생각은 대단히 위험한 발상이다. 자치단체가 독립된 공화국도 아니고 단체장이 무엇이든 할 수 있는 군주는 더욱 아니다. 자치단체장도 반드시 법령과 조례 그리고 조리(條理)에 합당하도록 자치행정을 집행해야 된다.

뿐만 아니라 자치단체장이라는 직책은 앞에서 언급한 바와 같이 단체장 개인을 위해서 주어진 것이 아니라 전체 주민이 스스로 할 일을 대표자를 뽑아서 위임한 것인 만큼 주민을 위해 사용해야 한다. 그럼에도 일부 자치단체장들이 직위를 이용하여 이권에 개입하거나 측근들이 인사와 관련해서 부정행위에 연루되어 법의 심판을 받는 일이 비일비재하여 지방자치가 출발부터 불신을 받고 있다.

공직을 상대방이 아닌 자신을 위해 사용할 때 반드시 부패하게 되고 자신도 파멸하게 된다. 세무담당 공무원이 탈세를 하거나 건축담당 공무원이 위법 건축을 하거나 경찰 공무원이 사적 감정으로 폭력을 휘두른다면 어찌되겠는가? 선거 때면 국민을 위해 봉사하겠다고 입이 닳도록 외쳐대던 사람들이 당선만 되면 국정은 안중에도 없고 기업으로부터 부정한 정치자금부터 챙기는 세태도 공직을 국민을 위해 쓰는 것이 아니라 자신의 사익을 위해서 오용하는 대표적인 사례다.

과거 권위주의 시대에는 직위를 이용해서 축재하거나 특권층으로 행세하던 사람들도 있었다. 그러나 이제는 사회가 놀라운 수준으로 투명하게 변했고 철옹성 같았던 공직 내부의 권위주의 문화도 여지없이 허물어진 지금 공직자들도 이제부터라도 공직의 사회적 기능에 대해서 기초부터 새롭게 정립해야 할 필요가 있다.

　공직은 봉사와 희생을 통해서 보람을 찾는 직업이다. 봉사와 희생의 진정한 의미는 주민을 존중하고 자신을 낮추는 것이다. 자신에게 주어진 직책을 최대한 선용해서 많은 사람들에게 도움이 되도록 하는 일, 직위를 자신의 독점물이 아니라 전체 주민과 공유(共有)한다는 가치관이야말로 새로운 시대에 공직자가 주민으로부터 신뢰받을 수 있는 첩경이 될 것이다.

16
국회의원과 시장군수는 앙숙인가

모 당의 원내대표는 자당 소속 국회의원에 대한 비자금 관련 검찰 수사와 관련해서 "공정하지 않은 법의 집행은 폭력이다."라며 검찰 수사의 공정성을 문제 삼았다. 그러면 국회는 과연 공정한 입법을 하고 있는가? 살피건대 지방자치와 관련해서는 부정적이다.

몇 해 전 헌법재판소 전원재판부는 국회의원 선거에 출마하려는 자치단체장에 대해 선거일 전 180일까지 사퇴하도록 규정한 공직선거 및 선거부정방지법 제53조 3항에 대해 재판관 전원일치의 의견으로 위헌 결정을 내렸다. 재판부는 결정문에서 사퇴 시한을 다른 국가공무원에 비하여 현저하게 앞당긴 것은 자치단체장을 합리적인 이유 없이 차별하는 것이라고 밝혀 단순히 사퇴 시한보다는 차별법 조항에 대하여 위헌 결정을 내린 것이다.

그러나 국회는 유감스럽게도 위헌 결정이 내려진 지 불과 20여 일 만에 동 조항을 선거일 전 120일로 개정하여 신속하게 통과시켰다. 이는 위헌 결정된 법 조항을 개정한 것이기 때문에 법리적으로는 문제가 없다 하겠으나 헌법재판소의 위헌 결정 정신에는 배치되는 입법이다.

국회가 국회의원 선거에 출마하려는 자치단체장의 사퇴 시한을 이렇게 빠르게 하는 이유는 그들이 말하는 지방행정의 공백을 방지하고 자치단체장의 직위를 이용한 사전 선거운동을 막기 위한 것이 아니라 오히려 자신들에게 도전하려는 자치단체장을 빨리 그 직에서 물러나도록 하고 자신들은 국회의원의 신분을 유지한 채 선거에서 유리한 위치를 확보하려는데 있다는 오해를 사기에 충분하다. 사퇴 시한을 빠르게 하면 할수록 행정 공백이 길어지게 되며 자치단체장의 사전 선거운동은 관련법에서 이미 이중 삼중으로 규제를 하고 있다.

이와 같은 입법은 지방자치의 경험자인 자치단체장의 국회 진출을 제도적으로 막는 대표적인 불공정 입법으로써 그 결과 자치단체장 출신 현역 국회의원이 극소수에 불과하여 결국 지방자치의 발전에 도움이 되지 않고 있다. 선진국에서는 지방행정에 경험이 풍부한 주지사가 대통령에 당선되는가 하면 시장이 연방의원에 뽑히는 사례가 얼마든지 있다.

2002년 6·13 지방선거가 있기 오래 전부터 뜻있는 학자들과 당사자인 전국시장군수구청장협의회, 그리고 출마 예정자들이 끈질기게 기초자치단체장에 대한 정당 공천을 반대했었다. 그러나 국회는 지방에서도 책임정치가 필요하다는 이유를 들어 이를 묵살하고 공천을 했다. 그러면 과연 지금 지방자치가 책임정치로 발전하고 있는가?

정당 소속 자치단체장이 각종비리에 개입되어 구속되거나 유죄 판결로 중간에 사퇴해도 어느 당도 책임지지 않는다. 오히려 정당이 자치행정에 깊숙이 개입해서 인사와 예산 심지어 기초회의까지 직간접으로 간여하여 책임정치가 아니라 정당자치로 변질되고 있다.

뿐만 아니라 가뜩이나 지역당의 틀을 벗어나지 못하고 있는 우리나라 정당체제에서 특정지역은 특정정당이 자치단체장을 모두 차지하는 지역패권현상마저 일고 있어 지방자치의 앞날을 어둡게 하고 있다.

기초자치행정은 말 그대로 생활행정이다. 주민들은 쓰레기 잘 치우고, 도로 잘 뚫고, 어려운 사람 잘 돌보는 지역의 일꾼을 필요로 하지 중앙정치 흉내내는 정치인 자치단체장을 원하지 않는다.

사정이 이러함에도 국회의원이 정당 공천을 고집하는 것은 공천권을 무기로 자치단체장을 장악하려는 의도로밖에 볼 수 없다. 이제는 국회의원도 법 집행의 불공정을 문제 삼기 이전에 입법에 불공정이 없도록 해야 할 것이며 입법과정을 통해서 지방자치가 건전하게 뿌리내릴 수 있도록 해야 국민으로부터 신뢰를 받을 것이다.

17
신문이 매기는 엉터리 점수

　민선 지방자치가 출범한 지 시간이 흐르면서 각 언론사에서는 앞을 다투어 자치단체에 대한 평가를 실시하고 그 결과를 발표하고 있다. 그간의 실적을 분석하여 잘한 점은 더욱 확대 발전시키고 미흡한 점은 보완하여 명실 공히 주민을 위한 지방자치를 뿌리내리도록 하자는 근본 뜻이 있을 것이다. 그러나 최근 몇몇 일간 신문에서 대학과 공동으로 조사하여 발표하는 내용을 보면, 시민들은 흥밋거리로 여길지 모르겠으나 지방자치단체에 소속된 공무원의 입장에서는 실로 충격과 경악을 금할 수 없는 내용들이 많이 있다.

　사람은 누구나 상대방의 평가 대상이 된다는 사실만으로도 큰 부담이 될 수 있으며 별로 유쾌하지 않은 것은 당연할 것이다. 그것도 공감할 수 있는 기준에 의한 것이 아니라면 더욱 문제가 있다.

며칠 전 모 일간신문은 서울의 25개 구청에 대한 평가를 실시하고 10위까지의 순위를 1면 머리기사로 보도하였다. 우선 그 평가방법을 보면 대학교수와 학위과정에 있는 연구원 등 7, 8명의 평가단이 각 구청을 방문하여 현황을 청취하고 필요한 자료를 제출받아 간다. 이에 소요되는 시간은 1시간 30분. 그 짧은 시간에 구청장의 1년간 실적을 어떻게 평가할 수 있는지 수긍이 가지 않는다. 더구나 평가단에는 지방행정에 대한 경험자나 실무자는 단 한 사람도 없다.

구별로 주민 1백 20명을 무작위 선정해 지난 1년간에 대한 삶의 질, 민원 서비스, 보건복지, 주거환경 등을 설문조사했다고 한다. 그러나 도시기본계획에 의하여 조성된 신시가지의 쾌적한 고층아파트 주민과 위험판정으로 이주를 독촉받고 있는 시민아파트 주민에게 같은 주제를 가지고 묻는다면 답변은 명약관화한 일이다. 또한 보통 40만, 50만 명의 구민 중에서 1백 20명이 갖는 대표성은 어떻게 설명할 수 있는지 의심이 간다.

각 자치단체에서 제출한 자료만 해도 트럭 2대 분이라고 하는데 20여 명밖에 안 되는 평가단이 어떻게 15일 동안에 그 많은 자료를 깊이 있게 평가 분석할 수 있었을까 하는 점도 이해가 되지 않는다. 같은 방법에 의해서도 좋은 평가를 받은 자치단체가 있지 않느냐고 반론을 제기할 수도 있다. 그렇다면 동일 자치단체가 평가하는 주체에 따라 최하위에서 최상위로, 또는 1위에서 13위로 곤두박질하는 것은 어떻게 설명할 수 있겠는가. 이것은 결국 평가방법에 중대한 결함이 있다고밖에 볼 수 없다. 현재 모든 지방자치 단체장은 주민의 직접선거에 의하여 선출되었다. 주민이 뽑은 단체장을 주민이 아닌 특정 단체가 순위를 결정하여 공표한다는 것은 신중하게 고려했어야 할 일이다. 서울시의 경우 일부 구청에서는 상급 자치단체인 서울특별시가 시행하는 행적실적 심사를 거부하려는 움직임이 있는 것도 이러한 맥락에서 연유한 것이다.

다른 신문사에서는 대학과 공동으로 지방자치 성과에 대하여 주제별로 평가 분석, 문제점과 발전 방향만 제시한 점은 돋보인다고 할 수 있다. 제3자적 입장, 학자의 입장에서 발전적 의미로 실시한 자치단체 평가가 오히려 심각한 갈등과 자괴감을 주는 일이 있어서는 결코 안 될 것이다. 그렇다고 평가 자체가 무의미하다는 얘기는 아니다. 지역 유권자들의 평가 욕구와 권리를 무시할 생각은 더욱 없다. 다만 지역의 주체인 주민들을 중심으로 공정하고 심도 있는 조사를 해 주기 바란다.